Os Caminhos do Coração

CB132202

Richard Carlson,
autor de *Não Faça Tempestade em Copo d'Água*,
e Benjamin Shield

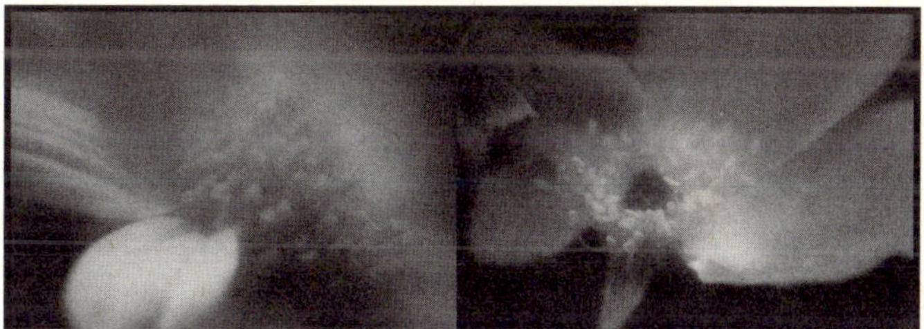

Os Caminhos do Coração

Ensaios originais sobre o amor, de John Gray, Deepak Chopra, Leo Buscaglia, Louise Hay, Stephen Covey, James e Salle Redfield e outros consagrados escritores

2ª EDIÇÃO

SEXTANTE

CELINA
2001
cel. 9988-5408
1809

© Richard Carlson, Ph.D. e Benjamin Shield, Ph.D.

tradução
Neuza M. Simões Capelo

preparo de originais
Regina da Veiga Pereira

capa
Raul Fernandes

revisão
José Tedin Pinto e Sérgio Bellinello Soares

fotolitos
Mergulhar Serviços Editoriais Ltda.

impressão
Lis Gráfica e Editora Ltda.

CIP-BRASIL. CATALOGAÇÃO-NA-FONTE
SINDICATO NACIONAL DOS EDITORES DE LIVROS, RJ.

C191

Os caminhos do coração : ensaios originais sobre o amor / de John Gray, Deepak Chopra e outros consagrados escritores ; [editados por] Richard Carlson e Benjamin Shield ; tradução Neuza M. Simões Capelo. – Rio de Janeiro : Sextante, 2000

Tradução de: Handbook for the heart
ISBN 85-86796-54-9

1. Amor. 2. Amor – Aspectos religiosos. I. Carlson, Richard, 1961–. II. Shield, Benjamin, 1964–.

00-0602. CDD 128.4
CDU 128

Todos os direitos reservados por
GMT Editores Ltda.
Av. Nilo Peçanha, 155 Gr. 301 - Centro
20020-100 - Rio de Janeiro - RJ
Tel.: (21) 524-6760 - Fax: (21) 524-6755
Central de Atendimento: 0800 22 6306 (ligação gratuita)
E-mail: salvend@openlink.com.br

ÍNDICE

Agradecimentos

Agradecemos às seguintes pessoas por sua gentil colaboração na produção deste livro:

Jennifer Josephy e Little, Brown and Company, por terem acreditado em nossa idéia.

Patti Breitman, Sheree Bykofsky e Linda Michaels, por seu profissionalismo e entusiasmo.

Stephen Lamont, por seu excelente trabalho de revisão.

Gay Edelman, Barry Fox, Dra. Pamela Dumond-Shield, Tom Bedell, Mark Lipsman, Steve Hasenberg e Valerie Harms, por suas idéias e dedicação.

Queremos manifestar em especial nosso reconhecimento e admiração a todos os colaboradores, que tão generosamente abriram seus corações e partilharam conosco sua sabedoria, confirmando que o melhor modo de ensinar é pelo exemplo. Nossos sinceros agradecimentos a todos que participaram do projeto.

Prefácio

♥ ♥ ♥ ♥

John Gray, Ph.D.

O amor tornou-se o Santo Graal do nosso tempo. Quem tem quer mais, quem não tem passa a vida procurando e sofre se não encontra. Este livro, *Os Caminhos do Coração,* trata da busca do amor e ensina o que é preciso fazer para encontrá-lo. Nestas páginas, os maiores especialistas em assuntos do coração examinam as muitas facetas deste diamante que é o amor e nos mostram o caminho da realização dos nossos desejos mais profundos.

Para muitos de nós é difícil adaptar-se à transição do casal modelo antigo para o novo casal, e ficamos meio perdidos. No passado, o que se buscava no casamento era a formação da família e a segurança. O homem trabalhava fora, a mulher tratava das crianças. Os pais esperavam que os filhos ajudassem no trabalho e cuidassem deles na velhice. Hoje, homem e mulher são mais auto-suficientes, dependem menos um do outro para a segurança e sobrevivência. Às vezes a mãe trabalha e o pai cuida das crianças. Por isso, homens e mulheres procuram cada vez mais alguém que atenda a suas necessidades emocionais, que ficaram ignoradas por tanto tempo.

A base do casamento mudou. As pessoas se casam muito mais em busca do prazer na vida em comum do que para garantir a sobrevivência. A causa de muitos divórcios é que os parceiros não se conformam com pouco amor. Querem mais. Colocam como condição para ficarem juntos que as necessidades do amor sejam satisfeitas.

Desejamos intensamente ser amados, valorizados, apreciados, e não aceitamos migalhas em troca de segurança financeira. A qualidade do relacionamento torna-se uma prioridade e as pessoas buscam nos laços de afeto o sentido da vida. *Os Caminhos do Coração* mostra como vencer as barreiras que impedem uma união profundamente baseada no amor.

Para atingir esse amor é preciso ser sensível à nossa necessidade de amor e à do parceiro – ou parceira – e saber como receber e dar amor. Para isso, devemos encontrar novas formas de comunicação, pois as que nossos pais usavam não nos servem mais. Os parceiros têm de aprender a expressar suas necessidades, não como uma reclamação agressiva, mas como uma forma de se conhecerem e se tornarem cada vez mais capazes de expressar amor, indo ao encontro do desejo do outro. Administrando diferenças, negociando divergências, valorizando as crises como oportunidades de crescimento.

Hoje, homens e mulheres têm de aprender a negociar com respeito. Não há mais áreas estanques de atuação – orçamento é assunto de homem, compromissos sociais são coisa de mulher, por exemplo. Como as mulheres cada vez mais contribuem para o orçamento familiar, elas querem ter o direito de opinar na hora de gastar o dinheiro. E os homens querem participar do planejamento das horas de lazer. A crescente importância que se dá ao amor no relacionamento aumenta a capacidade de manter um clima romântico entre os parceiros e uma relação amorosa com os filhos.

Outra diferença entre o passado e o presente é a forma de expressar amor. Antigamente, a lealdade e a dedicação à família eram prova de amor. Romantismo não tinha importância e não se esperava que perdurasse no casamento. Sacrificar-se pelo parceiro significava amor. Hoje, ninguém quer ficar junto levando uma vida de sacrifícios. Se abrimos mão da nossa identidade no relacionamento, para um viver em função do outro, perdemos contato com nós mesmos, com nossos sentimentos, sobretudo com nosso desejo. E não há amor que resista a isso. Para nós, amor é paixão, companheirismo, romance e boa comunicação. Os sentimentos, o amor, a cumplicidade e a intimidade nunca foram tão importantes quanto hoje.

Para encher minha vida de amor priorizo e invisto em tudo o que possa criar amor. No meu casamento, geralmente são as pequenas coisas que fazem diferença. Minha mulher e eu temos rituais de amor, cada um procurando fazer coisas de que o outro gosta. Podem parecer bobagens, mas trazem uma mensagem importante: "eu te conheço, te valorizo, quero fazer aquilo que te dê prazer". Por exemplo: se estou dirigindo ao lado dela e acende a luz amarela em um sinal de trânsito, vou reduzindo a velocidade e paro, dizendo: "Fiz isso por você, querida." Ela sabe que, quando estou sozinho, sempre acelero para aproveitar o sinal aberto. Por isso, sorri e me faz um carinho. Depois de dez anos de casamento, ainda costumo levar flores para ela e encontro muitas vezes bilhetes amorosos que ela me deixa quando sai de casa mais cedo. São esses pequenos gestos que mantêm vivo o romantismo.

Quando estou com as crianças, procuro não interromper a brincadeira de jeito nenhum. E já disse que, se elas precisarem de mim quando estou ocupado, podem me puxar a perna da calça e eu paro tudo para ouvi-las. Se for absolutamente impossível, eu explico. Sempre que viajo, trago um presente – lembrancinhas simbólicas – para que meus filhos sintam o quanto são especiais. Pequenas coisas que dizem "eu pensei em você" são as mais eficientes quando se quer encher a vida de amor.

Fico muito atento para ter minhas necessidades emocionais atendidas, reservando tempo para as atividades que me dão prazer. Quando minha mulher me convida para um programa a dois, se não estou disposto, prefiro ficar sozinho. Explico isso a ela, prometendo um tempo só para nós dois, mais tarde, e ela faz o mesmo comigo. Quando satisfazemos as nossas necessidades, temos muito mais a dar no relacionamento com o parceiro e com a família.

Aqueles que, na ilusão de estarem sendo generosos, se sacrificam demais perdem a capacidade de dar e receber amor verdadeiro. Quem não reconhece a importância fundamental do amor em sua vida acaba sofrendo e, por mais que tenha outras coisas, sente um vazio permanente. E quando falo em amor, não estou me referindo necessariamente a um parceiro ou parceira, mas à capacidade de amar as pessoas que nos cercam e com quem convivemos. O amor é vitamina indispensável principalmente em uma sociedade que prioriza a eficiência, a produtividade e a realidade virtual. As pessoas sofrem de frustração, ansiedade, doenças e fadiga constante sem saber por quê. A causa é a falta de amor. *Os Caminhos do Coração* é um refúgio para escapar da vida agitada e refletir sobre o que é fundamental. É como uma luz que revela as alegrias que o amor pode nos trazer. Ler este livro e ouvir o que têm a dizer as pessoas cuja missão na vida é definir o que é o amor e ensinar a dar e receber amor será de um valor inestimável. *Os Caminhos do Coração* vai mudar sua vida de uma maneira extraordinária, ajudando-o a tomar posse desse tesouro inestimável que é o amor. Foi o que aconteceu comigo.

Introdução

♥ ♥ ♥ ♥

"Só se enxerga bem com os olhos do coração.
O essencial é invisível aos olhos."

Saint-Exupéry (1900-1944) – *O Pequeno Príncipe*

Se você pudesse fazer um pedido em favor do mundo, qual seria? O nosso seria apenas que todas as pessoas pudessem se sentir em paz. E acreditamos que o dom da paz começa quando os corações estão repletos de amor.

Quem não deseja mais amor na vida? E quem nunca deixou escapar uma preciosa oportunidade de expressar amor por causa da vida agitada e das pressões do dia-a-dia? O abraço de uma criança querida interrompido pelo toque do telefone, um amigo afastado pela distância, o carinho do companheiro descartado por causa da aflição com as contas a pagar, um gesto de solidariedade abortado porque precisamos correr – tudo fica para depois. Dessa forma, o que realmente importa – os momentos de afeto – é muitas vezes negligenciado. E nossas vidas se empobrecem.

Sabemos que precisamos de amor, queremos amor: dar e

receber o máximo possível. Mas como conciliar este desejo profundo e essencial do coração com o ritmo de nossas vidas e as pressões internas e externas que criam bloqueios e dificuldades?

Para responder a essas perguntas fomos procurar pessoas extraordinárias que se dedicaram a refletir sobre as questões ligadas ao amor, gente que vem ensinando sobre o amor há muitos anos. Especialistas no amor. Pedimos que nos transmitissem o que pensaram e descobriram a respeito. Perguntamos diretamente: "Como é que vocês fazem para encher sua vida de amor?"

Assim nasceu este livro. Os autores atenderam nosso convite para partilhar sua sabedoria e percepções sobre a importância de inundar de amor nossa vida e, melhor ainda, para ensinar-nos como fazê-lo.

O resultado superou nossas expectativas. No contato com nossos autores percebemos uma enorme sinceridade e um esforço genuíno para praticar o que pregam. Nunca havíamos conhecido e trabalhado com pessoas tão completamente dedicadas a construir uma existência de amor. O líder espiritual e pacifista Mahatma Gandhi afirmou certa vez: "Minha vida é minha mensagem." Acreditamos que o mesmo se aplica a todos os colaboradores deste livro. Todos nos mostraram claramente – cada um a seu modo – como nossa ligação com tudo o que faz parte da vida depende fundamentalmente do coração.

O amor verdadeiro – aquilo que se dá e se recebe de coração – envolve compaixão, gratidão, solidariedade, dedicação, intimidade no relacionamento com os outros. Segundo os autores deste livro – e nós compartilhamos sua crença –, o amor é a única e verdadeira medida do sucesso na vida. Nada mais tem importância. É Madre Teresa de Calcutá quem diz: "Não podemos fazer grandes coisas. Mas podemos fazer pequenas coisas com muito amor."

Produzir esta pequena antologia foi um ato de amor – por nós, pelos outros, por nossas famílias, amigos e por você, leitor. Agradecemos a todos os colaboradores pela riqueza que eles e seus artigos trouxeram para nossas vidas e para as de milhões de pessoas. Esses artigos e essas pessoas nos transformaram e enriqueceram de maneira profunda e extraordinária. Desejamos que vocês também possam descobrir novos meios de trazer amor para sua vida e assim encontrem a paz. A paz que resulta de um coração cheio de amor.

Do fundo do coração,

Benjamin Shield, Ph.D.
Richard Carlson, Ph.D.

O Amor É uma Escolha

♥ ♥ ♥ ♥

Richard Carlson, Ph.D.

"Quando sentir a morte se aproximando,
sei que vou me perguntar: Quanto amor recebi na vida?
Como reparti o meu amor? Quem me amou?
A quem valorizei? Em que vidas eu causei impacto?
A minha vida fez diferença para alguém?
Que serviço prestei ao mundo? Tenho certeza de que
minha única preocupação será: terei ou não
preenchido minha vida com amor?"

Minha avó de noventa e quatro anos me ensinou a seu modo que o amor é o que realmente importa – é a verdadeira medida do sucesso de um ser humano. Uma menina, entre sete irmãos, ela teve uma vida difícil. A família vivia num lugar isolado e vovó trabalhou pesadamente desde cedo. Sobreviveu à depressão dos anos 30 e à dor de perder uma irmãzinha de dois anos. Suas experiências lhe ensinaram a ser dura e forte. Seu lema era: "A vida é boa para quem não fraqueja."

Meus primos, minhas irmãs e eu sempre soubemos que ela

nos amava, mas não me lembro de uma só vez em que expressasse claramente seu amor. Poucos meses antes de sua morte, isso mudou. Por ter perdido o controle de quase todos os músculos, ela pouco se mexia. Passava os dias deitada, com os olhos fechados. Eu ia sempre visitá-la, lhe fazia companhia, esfregava suas costas. Estava tão fraquinha, que tinha dificuldade de falar e economizava as energias. Mas usou algumas de suas palavras preciosas para me dizer – não uma vez, mas várias – o quanto me amava. Seu corpo estava definhando, não tinha bens materiais nem grandes feitos para contar, mas ainda guardava o que realmente tem importância – amor. Na vida que se extinguia rapidamente, o amor era a única força que restava. Muitas vezes ela repetiu o quanto amava a família toda, dizendo os nomes de um por um. O amor que repartia era doce e verdadeiro. Nunca vou esquecer suas palavras nem os sentimentos que transmitiram. Naquelas últimas visitas, eu tive certeza: as palavras de amor foram o que minha avó me deu de mais valioso.

Que presente maravilhoso! O amor partilhado em seus últimos dias me ensinou muito. Às vezes, penso no balanço que vou fazer da minha vida em meus últimos dias. Sei que vou me perguntar: "Como foi minha vida? O que foi realmente importante para mim? Do que me orgulho mais? Como usei meu tempo e minha energia? Como serei lembrado?" Penso agora nessas perguntas por causa de uma frase de Stephen Covey: "É preciso começar pensando no fim." Assim, meus objetivos – e o caminho para chegar lá – ficam muito mais claros.

Duvido que na hora da morte eu diga para mim mesmo:

"Devia ter passado mais tempo no escritório" ou "Droga, meu saldo bancário não foi tão alto quanto eu esperava" ou ainda "Se pelo menos eu tivesse melhorado minha pontuação no golfe e perdido uns quilinhos, a vida teria sido mais completa". No fim, acho que minhas maiores preocupações vão ser: "Quanto amor recebi na vida? Como reparti o meu amor? Quem me amou? A quem eu amei? Para a vida de quem eu tive importância? Que serviço prestei ao mundo? Tenho certeza de que minha única preocupação será: terei ou não preenchido minha vida com amor?"

Muitos dizem, com bastante sinceridade até, que o amor é a coisa mais importante da vida. Mas quantas vezes se contradizem, mais preocupados em vencer numa discussão, conseguir o que querem a qualquer custo, modificar os outros, colecionar sucessos, consumir, exigir recompensas ou mesmo lavar o carro? Meu melhor amigo e co-editor deste livro, Benjamin Shield, me ensinou uma coisa muito importante: "O melhor discurso é a ação." É fácil (talvez uma verdadeira tentação) exaltar o amor, mas a medida perfeita do nosso compromisso com ele são as nossas atitudes. Às vezes, cheios de boas intenções, falamos uma coisa, mas fazemos outra completamente diferente. Dizemos: "Minha família vem em primeiro lugar", mas raramente encontramos tempo para estar com ela. Ou então levamos anos e anos afirmando a importância da solidariedade, sem nunca tomar a iniciativa de ajudar alguém.

As perguntas que devemos fazer a nós mesmos são: "A família é mesmo a parte mais importante da minha vida?", "Eu quero mesmo me apresentar para um trabalho voluntário?".

Para o amor florescer em nossas vidas, temos que escolher caminhos que levem a ele. Isso sem nunca esquecer que amor não é apenas substantivo – é verbo. Na verdade, nós falamos através de ações. Verdadeiras escolhas amorosas exigem verdadeiros atos de amor.

No correr da vida tenho observado que quem escolhe preencher sua vida com amor a torna mais rica e produtiva, mais gratificante. Quando não diz apenas "Minha família é importante para mim", mas encontra tempo para estar com seus entes queridos, recebe muito carinho de volta. Do mesmo modo, quem atende ao chamado e faz um trabalho voluntário sente uma enorme satisfação em ajudar os outros. Existem maneiras mais sutis de optar pelo amor. Aquele que é criticado e, em vez de reagir agressivamente, consegue relevar e entender que quem fez a crítica talvez esteja carente de amor está agindo de maneira amorosa. São inúmeras as chances que temos, diariamente, de escolher o amor. Essas escolhas se traduzem em afeto, gratidão, aceitação, relacionamentos enriquecedores e esperança.

Tendo dito tudo isso, sinto necessidade de acrescentar que é mais fácil dizer do que fazer escolhas amorosas. A todo momento surgem obstáculos que parecem afirmar "não vale a pena...". Parece mais lógico pensar "Vou amar quando..." – e você completa a frase – "meus filhos se comportarem, minha mulher mudar seu jeito, minhas contas estiverem pagas, meu trabalho for mais agradável, eu superar as dificuldades", e assim por diante. O que realmente sustenta uma vida de amor é nosso desejo de permanecer num espaço amoroso e de reagir com amor nos momentos difíceis. É muito fácil amar quando tudo vai bem e se está rodeado de pessoas amigas. É completamente diferente sentir amor pelos outros (ou pela pró-pria vida) em meio ao caos ou quando nos sentimos agredidos pelas atitudes dos outros – quando você é criticado, quando as pessoas invadem seu espaço ou quando lhe respondem com indiferença a um gesto generoso.

Para mim, um dos maiores desafios é lidar com minhas filhas quando elas não se comportam como eu gostaria. Às vezes estou superocupado e elas aparecem disparando uma saraivada de perguntas e pedidos ou querendo que eu resolva suas brigas. Geralmente reajo pedindo que "tenham mais amor!". Para uma criança de seis e outra de quatro anos, isso deve soar como uma bobagem. Minha intenção é ensinar-lhes a responder à vida com amor, mas as minhas atitudes – o tom de voz, o meu ar de aborrecimento, as ordens que dou, as palavras de censura – têm a ver com tudo, menos com amor. É uma das muitas situações em que esperei – ou mesmo exigi – que outros agissem com amor, mas eu mesmo não fiz isso.

É sempre possível racionalizar, justificando nossos atos de desamor. Eu posso me convencer facilmente de que tinha motivos para estar zangado. E pode até ser verdade. Então, eu me concedo o benefício da dúvida. Mas, se faço isso comigo, não deveria fazer o mesmo com todos que agem comigo de modo menos amoroso? Afinal de contas, sob a ótica da minha filhinha de seis anos, as reações e o comportamento dela são tão justificáveis quanto os meus. Foi isso que ela quis dizer quando reclamou: "Mas pai, a minha vida é mais difícil que a sua!" E talvez ela esteja certa: tem uma irmã de quatro anos que a persegue pela casa toda sem perguntar se ela está de acordo, sofre todas as pressões de uma aluna da primeira série que tem que aprender a ler e escrever, recebe ordens dos adultos o dia inteiro, precisa de autorização para visitar seus amiguinhos e até para brincar em frente de casa, e assim por diante. O mesmo acontece com a mais nova. Para ela, seus problemas são sérios – e são mesmo!

Como posso esperar e pedir que minhas filhas sejam amorosas, se eu mesmo não estou sendo? Será que a mensagem que recebem através do exemplo não está em conflito com o que eu tento ensinar? Será que a mensagem que estão recebendo não é "Aja com amor quando estiver tudo bem, caso contrário, solte os cachorros"? E talvez essa mensagem tenha uma segunda parte: "Quando estiver soltando os cachorros, fique aborrecido se as pessoas em volta não responderem com amor."

Não estou dizendo que seja possível agir com amor o tempo todo, mesmo quando não se sente disposição. O que estou dizendo é que o amor começa dentro de nosso coração. É uma escolha. Para encher a vida de amor, você precisa ver esse amor como sua própria recompensa. Dar e receber são os dois lados da mesma moeda, aspectos diferentes da mesma energia. É tão bom dar amor quanto receber. É mais importante ser o amor do que conseguir amor.

Quando consigo manter a paciência com minhas filhas nesses momentos difíceis – quando sou amor em vez de pedir amor –, percebo como me sinto tranqüilo e como a situação logo se resolve. E fico orgulhoso, feliz e agradecido pela dádiva do amor. Quando consigo preservar o meu espaço de amor, mesmo em meio ao caos, minha família se contagia com meu estado de espírito. O mesmo acontece com minha mulher. Geralmente, é ela (e não eu) quem mantém o equilíbrio enquanto os outros se agitam. Mas sua tranqüilidade vai nos contagiando. Reagir com amor é um santo remédio.

Ao passar por tempos difíceis, precisamos lembrar que as circunstâncias não fazem a pessoa – só revelam como ela é. Se alguém me critica e eu reajo com agressividade, isso quer dizer que eu sou propenso à briga. É, todo mundo precisa brigar de vez em quando. Mas, se quero encher minha vida de amor, tenho que começar por mim. Afinal, o amor começa dentro de mim e se manifesta para fora. Do mesmo modo, se eu julgo uma pessoa, meu julgamento não traduz nada a respeito dela, mas revela que eu sou alguém que precisa julgar os outros.

Se eu quero uma vida cheia de amor, não posso ficar esperando que as pessoas e o mundo atendam aos meus desejos. Pelo contrário. O amor que eu quero começa em mim. Quando faço a opção pelo amor e encho a minha vida com ele, começo a notar que as pessoas em volta também se tornam mais amorosas. E eu recebo o amor de que preciso. É um círculo de amor que começa em mim.

Minha mulher e eu criamos um ritual com nossas filhas que tem nos ajudado a trazer mais amor para a nossa vida. Fingimos que temos antenas invisíveis que estão à procura de amor. Sentamos, às vezes todos, às vezes a dois, e perguntamos um aos outros: "O que deu certo hoje?" "Qual foi o ato mais amoroso que você presenciou hoje?" "Qual foi o ato mais amoroso que você praticou hoje?" Essas perguntas nos ajudam a pensar na importância do amor e nos lembram que existe bondade no mundo – é só procurar. Quando encaramos seriamente o amor em nossa vida e refletimos sobre as escolhas que podemos fazer, ficamos repletos de amor. O amor vira hábito. Quem se concentra no que é errado só vê os erros. Quem se concentra no que é belo e precioso só vê a beleza. Nem sempre é fácil, mas é muito simples.

Cada um de nós transforma um pouco o mundo com as pequenas escolhas que faz. Podemos contribuir para o problema ou facilitar a solução. Podemos trazer ou tirar o amor do mundo. Cada escolha que fazemos é um passo importante no caminho do amor. Quem decide tornar-se uma fonte de amor e faz disso uma prioridade absoluta vê a vida transformar-se em uma jornada maravilhosa, repleta de amor.

A Fonte do Amor-Próprio

♥ ♥ ♥ ♥

Louise L. Hay

*"Não importa quanto amor se dê aos outros.
Se não amarmos a nós mesmos, ninguém vai
nos amar o suficiente. Se temos um relacionamento
com uma pessoa que não possui amor-próprio,
ela nunca vai se satisfazer com o nosso amor,
porque não está dando amor a si mesma."*

O amor é uma coisa natural. Está aí, simplesmente – basta não atrapalhar. Quando nascemos, já trazemos o amor conosco. Infelizmente, no decorrer da vida, vamos acumulando bloqueios. É só desobstruir o caminho para nos enchermos naturalmente de amor.

Se não enchemos nossa vida de amor, nos sentimos infelizes. E apesar de tudo isso ser tão simples, levei muito tempo para aprender. Vivia cheia de ressentimento, sentindo-me uma coitada, e nem sabia direito o que era amar. Achava que o amor era uma coisa que eu tinha que buscar e encontrar fora de mim. Foi só quando parei de procurar fora que me tornei capaz de entender o que é o amor verdadeiro.

Tive de aprender a identificar e afastar meus bloqueios para chegar ao amor. Descobri que a maior parte deles tinha origem nos meus pensamentos. Hoje eu me recuso a ter pensamentos negativos, que afastam o amor. Se eles vêm se insinuando, eu simplesmente digo: "Louise, você não tem que pensar assim. Você pode pensar em alguma coisa boa." Às vezes, para interromper o fluxo de pensamentos negativos e ameaçadores, repito para mim mesma palavras simples, como *amor, paz, alegria, felicidade,* e isso dá certo – inconsciente e automaticamente, pensamentos amorosos tomam o lugar dos outros.

Para mim é importante lembrar que eu posso escolher ser feliz. Acima de tudo, escolho sentir gratidão, porque quanto mais agradeço pelas coisas boas (não me refiro aos bens materiais, mas à alegria de viver), mais elas vêm.

Muita gente me procura para tratar de assuntos de saúde, às vezes muito sérios. Tudo que faço é ensinar a essas pessoas a amarem a si mesmas. Elas aprendem a ver o que está prejudicando seu amor e sua saúde. Será que estão se julgando com muita severidade? Quando são capazes de pensar com calma sobre as razões que as levam a agir assim, em geral verificam que esse alto nível de exigência tem a ver com expectativas e julgamentos dos outros que elas, como adultas, podem descartar. Faço com que se olhem no espelho, bem dentro dos próprios olhos, repetindo "eu te amo". Para muitas, é bem difícil. Eu então procuro saber o que há de errado com elas. As razões apresentadas costumam ser tolas, como "tenho os quadris muito largos" ou "não sou uma boa pessoa". E quando pergunto "por que, o que foi que você fez?" – geralmente não sabem, são sensações difusas.

Então, de onde vêm esses pensamentos? Em sua maioria, são ecos de vozes que carregam desde a infância. Muita gente dá amor com mais facilidade do que recebe por não se achar merecedora: "Eu não me acho uma pessoa boa." Essa autoimagem negativa freqüentemente resulta de terríveis acontecimentos na infância ou de comentários depreciativos repetidos durante longos períodos de tempo.

A sociedade quer que sigamos regras. Não quer criatividade, mas submissão. E, para isso, obriga as pessoas a abrirem mão de seus desejos e características. Os pais determinam os comportamentos de seus filhos, a escola reforça a uniformização com suas regras – e a individualidade se perde no caminho. Quando conseguimos tomar consciência desses processos e assumir o que realmente queremos, sentimos um imenso alívio e desobstruímos o caminho do amor. É como tirar um peso das costas. Acredito profundamente que viemos a este planeta para amar a nós mesmos, apesar dos obstáculos que os outros criam ou que nós mesmos colocamos.

Outro modo de encher a vida de amor é perdoar. Este é bem difícil. Mas fechar a porta ao perdão é fechar o coração, mergulhar na amargura, manter o ressentimento. Está aí um terreno fértil para a autocomiseração. Quem vive assim não consegue amar. Precisamos trazer à tona e reconhecer esses padrões negativos de pensamento, investindo para nos desapegarmos deles.

Quando nos desapegamos dos pensamentos negativos e aprendemos a perdoar, somos capazes de amar muito mais a nós mesmos. E quando nos amamos como somos, quando nos aceitamos e valorizamos, transmitimos isso para os outros e eles passam a nos tratar de forma diferente. Ao abrir os canais para deixar fluir essa energia universal, atraímos para nossas vidas o bem e milagres começam a acontecer. Literalmente. O bem está ao nosso redor, esperando para entrar em nossa vida, assim que nos abrirmos para ele. Mas, se fechamos as portas com amargura, ressentimento, raiva e rancor, ficamos presos em uma vida infeliz e sem amor.

Não é preciso procurar o bem. Basta jogar fora o "lixo" que temos dentro de nós. Quando alguém que se alimenta mal resolve passar a consumir uma comida saudável, em pouco tempo sua saúde melhora sensivelmente. Ela não fez nada especial nem pediu ajuda – simplesmente cuidou do corpo e esperou que o "lixo" fosse eliminado. Assim é com nossa mente: eliminando o "lixo" dos pensamentos e sentimentos negativos, a verdade aparece.

Tenho mais um modo de encher a vida de amor – meus animais de estimação. Eles não foram comprados, foram salvos. Todos têm uma história de maus-tratos. Mas é incrível o que um ano de amor faz por eles! Que mudanças fantásticas! Tive uma cachorrinha muito difícil. Nas primeiras três semanas, cheguei a pensar em desistir dela. Mas, passado um ano, ela tornou-se um animal adorável. As pessoas não são mais complicadas que os animais. Afaste o medo, acabe com os maus-tratos, faça com que sintam que são amadas e cuidadas e você verá desabrochar sua verdadeira personalidade.

Existe um aspecto, porém, em que as pessoas são diferentes. Para o ser humano, o mais importante é o amor-próprio. Não importa quanto amor se dê aos outros. Se não amarmos a nós mesmos, ninguém vai nos amar o suficiente. Se temos um relacionamento com uma pessoa que não possui amor-próprio, ela nunca vai se satisfazer com o nosso amor, porque não está dando amor a si mesma. Não será capaz de acolher o amor porque não criou um espaço para receber o amor que lhe é oferecido.

Mais uma vez, é tudo muito simples. Sou uma mulher simples, com idéias muito, muito simples sobre a vida. Procuro sempre estar atenta para perceber os obstáculos que impedem o fluxo natural do amor e, então, afastá-los. Só assim podemos apreciar o ser único, especial e maravilhoso que somos, sabendo que não há, nunca houve nem haverá outro igual no mundo.

Com o passar dos anos, fui criando meus rituais de amor. Acordo de manhã em um horário que me permita ficar algum tempo deitada, pensando: "Ah, como é bom ter uma cama grande e confortável e meus queridos cães para me fazer companhia!" E agradeço pelo dia que começa, afirmando que será um dia maravilhoso, cheio de experiências incríveis, algumas planejadas, outras imprevistas. Eu programo meu dia com gratidão.

Minha última atitude à noite, antes de dormir, também é expressar gratidão pelo dia maravilhoso que passei. Mesmo que tenha havido experiências desagradáveis, agradeço por elas também, porque sei que me ajudaram a crescer.

Todo mundo passa por crises, é claro. Quando isso me acontece, sigo uma pequena rotina: logo que possível, digo para mim mesma: "Tudo bem, por causa do que aconteceu, uma coisa boa está a caminho. Foi uma experiência maravilhosa que vai servir para meu próprio bem. Está tudo certo.

Estou segura." Repito essas palavras enquanto dura a crise e é incrível: depois de algumas vezes, as idéias se aclaram e encontro a solução, ou então surge um fato novo que resolve tudo.

Outra coisa que peço todo dia é a capacidade de entender o que acontece para que eu possa ver com mais clareza os rumos da vida. Na minha opinião, as pessoas que causam os mais graves problemas no mundo são as que sofreram alguma violência na infância e não conseguem compreender como a vida funciona. Tenho plena consciência de que são meus pensamentos e minhas palavras que criam meu futuro. Por isso, tenho muito cuidado com o que penso, com o que digo e com o que faço aos outros. Sei que o que eu dou sempre volta para mim. Isto não significa que eu nunca fique zangada. Todo mundo fica. Só que, agora, minha raiva dura menos. O que antes eu "cozinhava" por três semanas consegue passar em três minutos. E, como conseqüência, tenho muito menos problemas na vida.

Aprendi também que trabalhar menos pode ser um ato de amor por mim mesma. O trabalho me tomava dez horas por dia, sete dias por semana. Já não faço mais isso. Principalmente, procuro trabalhar bastante tempo com a terra. Tenho um jardim e uma horta maravilhosos, e me alimento do que planto. Tenho frutas, muitas flores e um lago com peixinhos. Cuido de quase tudo sozinha, porque me dá prazer. Acho que tenho alma de fazendeira.

A preocupação exagerada com detalhes, o excesso de trabalho podem expulsar o amor da nossa vida. Recentemente, afastei-me por dois anos para renovar minha alma. Descobri que estava me dando demais aos outros e que, por mais que fizesse, nunca era suficiente. Resolvi parar e refletir, dizendo para mim mesma: "Muito bem, quem decide o quanto vou dar sou eu." Passei quase o tempo todo de joelhos, trabalhando em meu jardim. No princípio senti um bocado de culpa, mas acabei me convencendo de que eu estava sendo onipotente. Não sou a única professora a quem as pessoas podem recorrer. Há outros professores maravilhosos capazes de me substituir. E é bom que os meus alunos tenham muitos professores – assim, estudam e aprendem com pessoas diferentes.

Cada um de nós precisa encontrar seu próprio caminho na vida, mas uma coisa é certa: todo mundo precisa de amor. Meu conselho é que devemos desenvolver dentro de nós um estado de amor e ter consciência de que tudo que fazemos, pensamos e dizemos volta para nós. Então, se amarmos a nós mesmos, se amarmos a vida e as pessoas que nos cercam, descobriremos com alegria que nossas vidas se encherão da plenitude de tudo que é bom.

Lições do Coração

♥ ♥ ♥ ♥

Bernie Siegel, M.D.

"Então comecei a parar e pensar quando alguém
entrava na sala: se eu amo essa pessoa,
como devo tratá-la? E é claro que, quanto mais eu agia assim,
mais amoroso e sensível me tornava.
E a outra pessoa mudava simplesmente por sentir-se amada,
tornando-se ainda mais fácil amá-la. Com essa prática,
fui aos poucos transformando meu corpo,
minha saúde, meus relacionamentos e muitos
outros aspectos da minha vida."

Sabe como faço para estar sempre atento aos meus sentimentos? Escrevo um poema quando alguma coisa me emociona. Este veio logo depois de assistir a um filme da Lassie na televisão:

Eu amo Lassie, Lassie me ama.
Lassie é amor.
Um cão... Um cão ensina a amar.
Vou procurar agora agir como um cão.
Já tenho a quem imitar.

Nem sei se é um poema, mas me ajuda a viver. Sempre que fico em dúvida sobre como agir, faço o que a Lassie faria.

O amor é muito importante. Quando estamos sofrendo, ter quem nos acompanhe, apóie, ame, faz diminuir a dor e é o maior presente que alguém pode receber. Espero que um dia seja normal para as pessoas amar plenamente. É claro que temos todas as informações necessárias sobre como amar, mas apesar disso muitos não conseguem, porque não foram amados. A melhor maneira de superar esse problema é treinar, praticando diariamente atitudes de amor.

Há alguns anos, perguntei ao antropólogo Ashley Montagu como poderia me tornar um ser humano mais amoroso. E dei um exemplo: "Se minha sogra for morar comigo, o que devo fazer para me dar bem com ela, para que haja mais amor entre nós?" Ele respondeu: "Quando sua sogra entrar na sala, aja como se a amasse." Achei a resposta um tanto superficial, mas depois entendi. Eu queria mesmo amar. Não queria enganar minha sogra, minha mulher, meus filhos ou quem quer que fosse. Só queria amá-los ainda mais. Então comecei a parar e pensar quando alguém entrava na sala: se eu amo essa pessoa, como devo tratá-la? E é claro que, quanto mais eu agia assim, mais amoroso e sensível me tornava. E a outra pessoa mudava simplesmente por sentir-se amada, tornando-se ainda mais fácil amá-la. Com essa prática, fui aos poucos transformando meu corpo, minha saúde, meus relacionamentos e muitos outros aspectos da minha vida.

Para aprender a amar melhor é preciso treinar aplicadamente, como fazem os atletas e atores. Quando alguém diz a um deles "Que sorte você ter nascido com esse dom!" e pudesse ler seus pensamentos, provavelmente veria: "Espera aí, que história é essa de dom, eu trabalhei um bocado para chegar onde cheguei!" Pois no caso do amor é a mesma coisa: é preciso treinar, praticar. Escolha alguém como modelo. Pense assim: "O que fariam Buda ou Jesus na mesma situação? Ou Moisés, Confúcio, Gandhi, o Dalai-Lama, Madre Teresa, Martin Luther King?" Ou então imagine como agiria uma mãe amorosa. E, se ainda estiver em dúvida, recorra a "O que faria Lassie?". Um cachorro lambe seu rosto, ainda que você nao lhe dê a menor atenção. E continua a lamber, a não ser que seja muito maltratado, mesmo que o veterinário tenha acabado de lhe amputar uma pata ou se prepare para sacrificá-lo. Ele simplesmente não guarda rancor. Está ali para amar, ser amado e nos ensinar uma porção de coisas.

O mundo é um teatro em que podemos escolher como atuar. Temos a vida toda para praticar e crescer. Mas não vamos esquecer que nem sempre acertamos. Por isso é preciso saber perdoar a si e aos outros sabendo que cada um faz sempre o melhor que pode.

Como médico, concluí que a capacidade de amar não tem nada a ver com a saúde física. Existem pessoas que amam divinamente, mesmo tendo perdido uma parte do corpo ou todos os movimentos. Para mim, essas são as mais saudáveis, independente do estado de seus corpos ou de sua saúde física. Às vezes, o risco de perder a vida leva a dar maior atenção ao amor e a priorizá-lo verdadeiramente. A consciência da mortalidade pode ser um grande mestre.

Para quem não sabe brincar e perdeu a espontaneidade natural, é muito mais fácil ser hostil do que amar. Amor e alegria andam juntos. Estudos feitos com psicopatas assassinos revelam que muitos deles não sabem brincar. Não conseguem se divertir. Para eles, tudo é muito sério.

O riso libera a criança que existe dentro de nós, dissolve o medo e o ressentimento que guardamos, torna mais fácil amar. Olhe para uma fotografia sua de quando era um bebê. Não é fácil amar essa criança? Agora, olhe-se no espelho. Tem o mesmo sentimento? E por que não?

No hospital onde trabalho – mas poderia ser em um escritório, também –, para estimular a afetividade, instituí pequenos broches com os nomes dos funcionários e a inscrição "É bom você estar aqui". Sempre que vejo um funcionário tendo uma atitude de amor, procuro saber seu nome, agradeço e entrego um broche. Agora pense: se cada pessoa amorosa usasse um distintivo, você não agiria diferente em relação a ela?

Eu tive a sorte de crescer em um ambiente de amor. Não que achassem maravilhoso tudo o que eu fazia, mas eu tinha certeza de ser amado e isso me deu liberdade e segurança para ser como queria. Tendo o apoio dos meus pais, não precisava da aprovação de mais ninguém e podia ser afetuoso e livre. A vantagem desse tipo de apoio é que, se você quiser agir de maneira diferente, sabe que pode, porque vai ser aceito. Quando me casei, sabia que havia alguém que me amava e me aceitava esperando em casa. Era extremamente reconfortante ter sempre para onde ir. Mesmo quando enfrentei problemas sérios, sabia que podia voltar para casa e ser acolhido com afeto.

Infelizmente, nem todos têm a mesma sorte. Quem não recebeu amor quando criança guarda uma grande mágoa, ainda que não demonstre. Para curar essa mágoa, precisamos compartilhá-la com outros, botando para fora toda a dor.

Acho que devia ser criada uma sociedade protetora dos seres humanos, assim como existem as sociedades protetoras de animais. Se as pessoas se amassem como amam seus bichos de estimação, já seria um bom começo. Algumas comem alimentos e usam drogas que jamais ofereceriam a seus animais. Muitas levam seus cãezinhos para fazerem exercício enquanto ficam sentadas em um banco de praça. Abraçam os animais, mas não abraçam a família.

Em minha profissão, canso de ver gente que não faz o que precisa para se manter saudável. Também percebo que para muitas pessoas o bem-estar é uma verdadeira jornada espiritual. Por isso faço perguntas procurando ajudá-las: "Por que você está aqui? Por que você nasceu? Por que o mundo está como está? Qual a finalidade disso tudo?" E a resposta que espero delas é que estamos aqui para aprender a amar, para agir como verdadeiros anjos da guarda uns dos outros, para demonstrar amor e compaixão, para ajudar a crescer. Esta é a razão e o significado da vida. E cada um escolhe como cumprir sua missão.

Sempre que faço uma palestra, escuto alguém reclamar do modo como as pessoas agem, seja em casa ou no trabalho. O desgaste que certas atitudes provocam é capaz de arruinar uma vida. Para uma vida feliz, é preciso amar os outros, inclusive suas imperfeições. Vamos aprender e praticar a tolerância e a compaixão. A vida é curta. É melhor viver com irritação ou com amor?

Veja o que aconteceu comigo e com minha mulher, Bobbie.

Eu não arrumei direito as xícaras na máquina de lavar louça e algumas alças se quebraram. Minha mulher queria jogar todas as xícaras quebradas no lixo, mas eu achei que ainda podiam ser usadas. Para evitar um atrito maior guardei as xícaras em um saco e mais tarde levei para a casa onde passamos as férias e as escondi, sem coragem de contar para Bobbie. Um dia saí para fazer exercício como sempre levando um saco plástico para recolher pequenas coisas que Deus sempre põe em meu caminho. Enquanto andava, vi em um canto uma xícara com a asa quebrada. Eu sabia que era uma mensagem de Deus. Peguei a xícara e notei que tinha a figura de dois elefantes bem gordos abraçados e a inscrição "Eu te amo assim mesmo". Levei para casa e mostrei a Bobbie, contando finalmente o que tinha feito com as xícaras quebradas. Agora, a xícara com os elefantes fica em uma prateleira, em lugar de destaque, para nos lembrar todo dia da verdadeira mensagem da vida. (As outras, com as alças quebradas, voltaram ao uso diário.)

Quem ama não destrói – a natureza, a sociedade ou um indivíduo. Crianças que cuidam de plantas e de animais aprendem a proteger e respeitar a vida.

Houve uma época em que nossos cinco filhos chegaram a ter quase cem animais em casa, incluindo três dúzias de tartarugas em piscinas de plástico, lagartos, cachorros, gambás e grilos. Procurei ensinar aos meus filhos que quem tem uma vida nas mãos deve cuidar dela da melhor maneira possível. Acredito que uma criança que aprende isso se torna um adulto capaz de ser solidário com o sofrimento do amigo, a morte de um vizinho ou a dor de um animal, uma pessoa livre de preconceitos.

Minha sugestão é que cada um de nós mantenha um diário ou escreva um poema por dia, como aquele que fiz sobre a Lassie. Isso ajuda a manter contato com todos os aspectos da vida, inclusive os mais dolorosos. É importante escrever sobre tudo – coisas positivas, que nos alegram, e coisas negativas, difíceis de esquecer. E enxergar a graça que existe mesmo nas situações mais tensas. O riso espanta a raiva.

Talvez se perdermos um pouco da seriedade e passarmos a rir mais, expressando melhor nosso afeto, o mundo possa ser mais feliz e a vida, como este livro sugere, se encha de amor.

A Fumaça que Envolve o Coração

♥ ♥ ♥ ♥

Joan Borysenko, Ph.D.

"As pessoas querem servir os outros e não desejam ser egoístas. Mas se você não servir a si mesmo estará sendo egoísta, porque nunca vai conseguir se ligar amorosamente a um círculo mais amplo, e muito menos a outra pessoa."

É uma lei inviolável. E isto é o que ela tem de melhor: o que você dá, você recebe.

Há pouco tempo, fui à festa de casamento de uma amiga. Aos quarenta e poucos anos, ela estava se casando pela primeira vez e, com o otimismo típico dessas ocasiões, esperava que fosse a única. Éramos mais de dez mulheres e alguém teve uma idéia de que gostei muito: cada uma devia comentar os aspectos que, em sua opinião, fossem os mais críticos em um relacionamento amoroso.

Foi fascinante ouvi-las – umas sérias, outras engraçadas, outras muito irreverentes – enquanto pensava no que diria quando chegasse a minha vez.

O que eu tentei dizer foi o seguinte: "Um dos aspectos mais

importantes em um relacionamento amoroso é a gratidão pelo parceiro – ou parceira –, pelos dons que ele – ou ela – nos dá." Além de tomar consciência dessa gratidão, devemos expressá-la. É de vital importância agradecer constantemente às outras pessoas por todos seus gestos e atos amorosos.

Essa atitude se enquadra no que chamo de "não considerar nada como natural", como se nos fosse devido. Acolher cada gesto de bondade ou ato generoso como um presente. Basta reconhecê-lo como tal: "Ah, você está me dando um presente." E agradecer por ele.

Temos que estar atentos para o fato de que o amor é um dom. Ao recebê-lo, basta dizer "Obrigado", "Fico grata". É extremamente simples, mas muito valioso.

Outro aspecto da troca de amor é a importância da honestidade e da comunicação permanente. Porque, muitas vezes, o que parece amor não é amor. Aceitar a agressão do outro sem reclamar, em nome do amor, é desrespeitar o parceiro, à medida que deixamos que desenvolva atitudes que são negativas para ele mesmo. Além disso, por menos que queiramos, vamos acumulando queixas, animosidade, ressentimento, até não agüentarmos mais e explodirmos. Esse "lixo" acumulado fecha a estrada por onde circula a troca do amor.

Para manter aberto e claro o canal da comunicação, é preciso vontade firme para falar sobre assuntos delicados. Isso não é fácil. É complicado dizer coisas que provavelmente irão desagradar quem vai ouvi-las. Isso é amor? É, sim. E quanto menos tempo entre a certeza de que é preciso falar e a própria conversa, melhor. Não se trata de agredir de volta, mas de denunciar uma situação que prejudica o amor. E de fazê-lo em nome do amor, porque queremos mantê-lo e porque desejamos o bem tanto da relação quanto do nosso parceiro. A honestidade na comunicação é uma arte que está ligada à capacidade de dar e receber amor verdadeiro.

Todos nós precisamos conhecer-nos, sermos francos, administrar da melhor maneira possível nossa vida emocional. Percebo que as mulheres são em geral mais dedicadas, solidárias e generosas na doação do amor. Mas têm uma certa dificuldade em receber. Tendem a negar e esconder suas necessidades e carências, e, ao não receber o que precisam, começam a acumular ressentimentos.

Resultado final: elas se doam tanto, que parece não sobrar nada. Com sua compaixão e vontade de ajudar a todos, correm o risco de se perder ou serem manipuladas. Em *workshops,* freqüentemente ouço este lamento: "Como é que pode? Durante a vida toda eu fui generosa, perdoei e acabei uma pessoa amarga, apática e submissa!"

Costumamos ensinar um tipo de meditação que a tradição budista chama de Tonglen – a meditação do dar e receber. É um exercício de visualização. Você começa fazendo para si mesmo, pois os budistas acreditam que só quem dá primeiro a si tem condições de dar aos outros. É preciso cuidar primeiro de si. A seguir, faz em favor dos entes queridos. Depois, para as pessoas com quem você possa estar em conflito. E assim por diante, cada vez para um círculo maior de pessoas.

Primeiro, visualize seu próprio sofrimento como se fosse uma fumaça em volta do seu coração. Inspire essa fumaça e leve-a até a luz que existe dentro do seu coração e, quando ela se dissipar, expire a luz de seu coração em seu próprio benefício. Depois faça isso pelos outros – inspirando seu sofrimento e expirando sua própria felicidade, a plenitude da sua verdadeira natureza. O resultado costuma ser, inicialmente, uma sensação de alívio porque, no fundo, sabemos que, se não cuidarmos de nós, não podemos cuidar dos outros.

O mais incrível dessa imagem tibetana é que, quando assumimos generosamente a dor do outro, ela não fica guardada dentro de nós. Ela se consome, se dissipa em nosso coração, deixando uma energia extra em forma de luz. Esta energia continua a nos iluminar, mesmo depois de soprarmos em direção ao outro.

O exercício de meditação enfatiza este princípio psicológico básico – é absolutamente necessário você cuidar primeiro de si. Senão, ao assumir a dor e os problemas alheios, você vai ficar esperando um retorno. Vai inconscientemente cobrar do outro. E a pessoa beneficiada irá se sentir enfraquecida e, provavelmente, ressentida.

Mary Oliver tem um lindo poema, *The Journey* (A viagem). O último verso diz que cada um só é capaz de salvar a si mesmo. Não existe verdade maior. As pessoas querem servir os outros e não desejam ser egoístas. Mas se você não servir a si mesmo estará sendo egoísta, porque nunca vai conseguir se ligar amorosamente a um círculo mais amplo, e muito menos a outra pessoa.

Gosto muito da Prece da Serenidade. Essa oração pede serenidade para aceitar o que não se pode modificar, coragem para mudar o que pode ser mudado e sabedoria para perceber a diferença. Vamos imaginar que você olhe para a sua vida e diga: "Há alguma coisa errada. Sinto uma enorme insatisfação e falta de amor." Seria ridículo acrescentar "Ah, não faz mal, espiritualmente vai tudo bem, vou me resignar, continuar amando todo mundo e ser feliz deste jeito".

Resignar-se, aceitando a situação, pode ser a pior escolha. Talvez seja preciso romper uma amizade, terminar o casamento, usar de firmeza amorosa com seus filhos. Não se pode passar por cima de necessidades psicológicas básicas na esperança de alcançar um reino espiritual maior e mais rico. Não é fácil aprender a pedir aquilo de que você precisa. Não é fácil pedir aos filhos, amigos ou companheiros o que você precisa. Nem é fácil pedir ao Grande Espírito, ao grande mistério. Mas é necessário aprender a pedir. E o meio mais fácil de aprender a pedir é pedindo. Só se aprende fazendo. Peça explicitamente. O Grande Espírito deseja que você o faça. Seu companheiro – ou companheira – não sabe ler pensamentos: diga clara e serenamente o que deseja.

Sempre acreditei na necessidade de conhecer bem o terreno para evitar as minas enterradas. Aprenda a ler os sinais, não os despreze nunca. Mesmo o lado mais obscuro nos oferece suas lições. A raiva é uma grande mestra que nos ensina a dar e receber amor, porque raiva é resposta a uma ação. É como um gongo que soa anunciando: "Alguma coisa está completamente errada." A mensagem pode ser penosa, mas é simples e clara.

As mensagens alegres também são claras e simples. Agradecer, incentivar, dizer "Você me ajuda a viver" são atitudes que despertam mais amor nas pessoas, levando-as a reproduzir o mesmo gesto. Até que um dia, eu espero, estaremos cercados de gente generosa, cuja simples presença nos fará bem.

É uma lei inviolável: o que você dá você recebe. Expressar gratidão é em si um dom simples. Mas seu efeito é prodigioso: cria mais amor no mundo.

O Amor Sempre Vence

♥ ♥ ♥ ♥

Samahria Lyte Kaufman

"Viver o amor apaixonadamente – e a palavra-chave é apaixonadamente – cria uma atmosfera de alegria em torno de nós. A paixão faz o amor arder em chamas que são visíveis para todos os que nos cercam."

Só conseguimos amar quando somos felizes. Antes de amar o outro de verdade, temos que aprender a amar e aceitar a nós mesmos. Para mim, foi um processo di-fícil, porque eu não me amava.

Dei o primeiro passo quando deixei de criticar as característi-cas negativas que percebia em mim. Comecei a aceitar quem eu era e como era, sem me sentir na obrigação de mudar. Só que, ao me aceitar, ficou mais fácil mudar. Eu me convenci de que sempre fazia o que estava dentro das minhas possibilidades.

Descobri também que o poder de me fazer feliz – ou infe-liz – estava em minhas próprias mãos. Esse poder não depen-dia dos acontecimentos nem das opiniões alheias. Eu não era uma vítima das circunstâncias, mas a causa delas.

Amor e felicidade passaram a ser prioridades absolutas, ainda que eu não soubesse exatamente o que queria em cada situação ou se as coisas iam funcionar como eu tinha imaginado. Coloquei essas prioridades diante dos olhos, como um estímulo para qualquer ação, e elas me ajudaram a mudar. A cada mudança, eu me sentia mais feliz. E quanto mais feliz, mais amorosa ficava.

A história do meu filho, Raun, é um exemplo de como essas mudanças podem ser poderosas. Aos dezoito meses, Raun foi diagnosticado como autista. O mergulho no autismo levou cerca de seis meses, período em que ele foi deixando de ser uma criança viva, sorridente e participante, para se transformar em outra completamente desligada da nossa realidade.

Eu e meu marido procuramos todos os profissionais especializados em autismo, buscando tratamento. A principal forma de terapia, então, era – como, aliás, continua sendo – a comportamental. Verificamos que o comportamento da criança autista era visto como errado ou inadequado. Mas não sentíamos isso com Raun. Achávamos que sua forma de agir correspondia à sua necessidade. De alguma forma, ele estava se protegendo.

Com isso em mente, eu mesma comecei a trabalhar com ele doze horas por dia, sete dias por semana, durante três anos e meio. Junto com o diagnóstico de autismo, foi considerado que Raun tinha um QI abaixo de 30, além do mutismo e da ausência completa de respostas. Há poucos meses, aos vinte e dois anos, meu filho se formou em Ética Biomédica pela Brown University.

Sempre que penso nessa transformação, vejo nela um milagre do amor. Se eu não tivesse me dedicado tanto a trabalhar meu coração, para aprender a me amar e ser feliz, não teria conseguido amar meu filho e, principalmente, aceitar seu modo de ser.

Diariamente uso uma técnica que me ajuda a lidar com o mundo de um jeito mais amoroso. Quando começo a sentir ainda que seja uma pontinha de desconforto ou insatisfação, escolho entre duas táticas. A primeira é procurar descobrir o que está acontecendo e como estou me sentindo a respeito. Em seguida, eu me pergunto o que vou ganhar com esses sentimentos. Esse questionamento me ajuda a trazer à tona velhas crenças arraigadas prejudiciais para a pessoa que quero ser. Ao descobrir as crenças que estão causando dor e infelicidade, posso decidir o que fazer com elas – conservá-las ou descartá-las. Se me livro delas, vejo que a vida fica mais produtiva. A segunda técnica é, ao tomar consciência do desconforto, decidir que quero me sentir bem e ser amorosa naquele mesmo instante, fazendo disso minha prioridade.

Percebo que quando amamos o mais plenamente possível, sem nos preocuparmos com a quantidade de amor que recebemos em troca, somos extremamente recompensados. Por isso, sai ganhando quem é mais capaz de amar. Foi importante entender isso para que eu não me sentisse frustrada por receber da outra pessoa menos amor do que o que estava lhe dedicando.

Procuro também ver sempre o lado bom das pessoas, o que não significa que eu seja ingênua. Significa entender que todo mundo tem seus motivos para fazer o que faz. Podemos dar ao outro o benefício da dúvida e ficar abertos para ouvir e tentar compreender.

É importante demonstrar e expressar amor não apenas por palavras, mas através de atitudes, oferecendo ao outro o que realmente tem importância para ele. É preciso tornar o amor palpável, fazer coisas concretas que levem a outra pessoa a perceber e sentir nosso amor.

Se alguém faz algo que nos desagrada, podemos transformar isso numa oportunidade para nos fortalecer e aumentar o amor que trazemos em nós. Se lido com uma pessoa zangada ou agressiva, em vez de me sentir humilhada ou ferida, penso assim: "Está aí uma excelente oportunidade. Isso aconteceu para o meu bem. Como vou agir?" Há várias alternativas: posso reagir com violência, me sentir ferida, diminuída, ou tentar expressar o que sinto e penso de forma tranqüila, forte, buscando um entendimento a partir de uma perspectiva amorosa. Na verdade, as ocasiões em que os outros agem mal conosco são oportunidades para nos sentirmos mais fortes e nos tornarmos mais amorosos. Isso tem sido extremamente estimulante para mim.

Amar é uma decisão que pode ser tomada a qualquer momento, sob quaisquer circunstâncias, mas é preciso primeiro saber que é uma decisão. Todo mundo – sem exceção – quer amar mais e ser mais amado. Mas lembre-se de que é preciso atenção constante para transformar em amor mesmo as situações mais desconfortáveis.

Tudo o que faço vem do desejo de ter atitudes de amor e felicidade em relação a mim e aos outros. Esta é minha meta, meu objetivo principal. Quando investimos nisso, podemos inspirar outras pessoas a adotar e compartilhar uma postura de amor. Quem é alvo desse tipo de atitude tem vontade de fazer o mesmo. Viver o amor apaixonadamente – e a palavra-chave é apaixonadamente – cria uma atmosfera de alegria em torno de nós. A paixão faz o amor arder em chamas que são visíveis para todos os que nos cercam.

Quanto mais amamos, mais milagres acontecem na nossa vida. Parte desse processo é aprender a viver plenamente cada momento. Viver no presente liberta e conforta de imediato. Outro fator importante é a gratidão, ferramenta poderosa na construção do amor que se volta para tudo e para todos. Essa energia amorosa que emana de nós muda para melhor tudo o que nos rodeia. Pessoa a pessoa, instante a instante, pois com o amor transformamos o mundo.

Amor e Liberdade

♥ ♥ ♥ ♥

John Welwood, Ph.D.

"Para amar alguém pelo que é – deixando de lado nossos desejos e projeções – temos que acordar de nossos sonhos e fantasias. Temos que enfrentar os obstáculos ao amor – as nossas amarras e bloqueios. Se você quer vencer esses obstáculos, comece a se abrir de novas formas e engaje-se no processo."

Para amar de verdade precisamos deixar a pessoa amada ser o que ela é e não o que desejamos que ela seja. Descobrir quem o outro é requer essencialmente um trabalho constante de observação atenta e amorosa. O mesmo diz respeito ao conhecimento de nós mesmos. São tantas as expectativas e imposições, que muitas vezes perdemos de vista quem somos e o que realmente queremos. Podemos crescer a partir do que somos, assim como podemos ajudar o ser amado a crescer a partir do que ele é.

Amar é muito mais do que despejar sentimentos positivos sobre alguém. Muitos pais "afogam" o filho em "amor", sem perceber a pessoa que é esse filho. Produzem uma versão a seu gosto e amam essa imagem, obrigando os filhos a se violentarem para corresponder a ela. No relacionamento amoroso pode acontecer a mesma coisa: amamos muitas vezes a imagem que fazemos do outro ou a imagem de nós mesmos que a outra pessoa nos devolve.

Como conhecer a verdade? Uma boa forma é interromper por alguns momentos a correria da vida diária para entrarmos em sintonia com nós mesmos, seja meditando ou apenas ficando imóveis, em silêncio, buscando o contato com nosso verdadeiro eu, aquele que se esconde sob as nossas expressões, opiniões, pensamentos, emoções e planos. Fazer isso freqüentemente, sistematicamente, perguntando a nós mesmos, frente a qualquer situação: "o que quero?", "o que estou sentindo de fato?", "qual é meu desejo mais profundo?". Não se deve contentar com a primeira resposta, que pode ser fruto das imposições acumuladas no correr da vida.

Precisamos fazer o mesmo com os outros. Entrar em harmonia com o outro, aceitando seu verdadeiro modo de ser, em vez de impor-lhe o que gostaríamos que fosse, é um desafio e um esforço permanente. Os obstáculos a superar são muitos: nossas expectativas, medos, inseguranças, necessidades, tendência a controlar tudo. É fundamental estarmos sempre atentos para que o amor não seja distorcido, transformando-se num mecanismo de controle, prêmio ou castigo por um comportamento considerado "bom" ou "mau".

O amor verdadeiro nunca pode ser um instrumento de controle. O amor verdadeiro cria liberdade. Mas deixar o outro ser quem é envolve apoio e estímulo. Quem ama quer ver o amado crescer a seu modo, no seu ritmo, e dá espaço para isso. O amor cria e não sufoca tentando fazer do ser amado uma extensão, um apêndice de nós.

Para amar alguém pelo que é – deixando de lado nossos desejos e projeções –, temos que acordar de nossos sonhos e fantasias. Temos que enfrentar os obstáculos ao amor – as nossas amarras e bloqueios. Se você quer vencer esses obstáculos, comece a se abrir de novas formas e engaje-se no processo. Ponha o seu amor à prova. Durante esse batismo de fogo, talvez você chegue a pensar: "Será que eu sou mesmo capaz de amar alguém ou a mim mesmo?" Mas quando o amor caminha junto com a verdade, a serviço da verdade, vence todos os obstáculos – aqueles que nos impedem de sermos nós mesmos. Assim podemos nos tornar pessoas mais verdadeiras, livres e realmente amorosas.

Meu trabalho como psicoterapeuta não é "consertar" os clientes, muito menos fornecer respostas ou dar conselhos. É principalmente abrir um espaço onde eles possam se libertar das correntes que os impedem de ser quem são. É um espaço de verdade, questionamento e estímulo. Não sigo nenhum roteiro nem sugiro isso aos meus clientes. Simplesmente dou a eles oportunidade de se abrirem para as experiências, perceberem o que está acontecendo, sentirem e expressarem o que sentem, e terem algumas percepções mais profundas. Quando eles conseguem libertar-se e engajar-se, o processo flui por si mesmo.

Este tipo de acompanhamento requer um sentimento muito próximo da compaixão. A acolhida e o estímulo permitem que a pessoa desabroche como uma flor. Em mais de vinte anos de trabalho terapêutico, concluí que esse é o tipo de ajuda que dá melhor resultado. A compaixão não envolve conselhos. Ela se manifesta dando espaço, liberdade, estímulo, apoio e presença. Nesse processo a pessoa começa a encontrar seu próprio caminho e a crescer.

É isso que nossas almas e nossos corações reclamam: espaço para ser. E é o que queríamos dos nossos pais. Queríamos que estivessem presentes, que nos vissem como somos. Nada tem mais valor para uma criança do que presença e apoio. Muitos pais, ao contrário, passam para seus filhos a mensagem: "Nós os amamos quando agem desta forma e não os amamos quando fazem diferente." Esse amor condicional é uma forma de controle, porque é usado como prêmio ou castigo. E nos faz crescer aprendendo a agir de acordo com a recompensa. Uma verdadeira prisão.

Você pode viver para sempre na prisão que construiu junto com seus pais, fazendo o que for preciso para receber a recompensa do "amor". É como o rato preso na gaiola, pressionando as barras para conseguir comida. No relacionamento com os outros você repete a estratégia, buscando receber deles a mesma falsa recompensa que seus pais ofereciam, em lugar de aceitação e reconhecimento pelo que você é autenticamente.

Mas a verdade é que você tem valor e encanto exatamente como é. Sua real natureza é a beleza, é o valor, é o amor, é presença, abertura e claridade, é riqueza, força e generosidade, manifestando-se de formas únicas e originais. Você tem essas qualidades. Reconheça essas qualidades em si e nos outros e você vai ser capaz de dar e receber amor livremente.

Os obstáculos ao amor vão surgir – é inevitável. Quando isso acontecer, mantenha-se aberto para perceber o que está se passando, para desenvolver sua capacidade de questionamento e para aceitar os seus verdadeiros sentimentos, sejam eles quais forem. Cada vez que você tenta sufocar ou negar o que sente e percebe, perde o contato consigo e, conseqüentemente, com os outros.

Procuro meditar todo dia. Acho a meditação importante porque aguça a consciência e a percepção. Gosto de reservar um tempo para prestar atenção aos meus sentimentos, questionar e procurar ouvir o que eles têm a me dizer. Minha mulher, Jennifer, e eu sempre encontramos tempo também para o que chamamos de "momento da verdade". Cada um fala sobre o que está vivendo e depois escuta o outro. Muitas vezes é difícil e sofrido ouvir a verdade do outro, mas essa prática tem nos ajudado tanto, que fazemos questão de mantê-la. O que é mais simples (e difícil) é revelar nossa experiência para alguém, e ouvir, procurando entender o que o outro sente. Quando minha mulher e eu conseguimos isso, nos enchemos de amor, por mais complicado que seja o assunto. Então, mesmo sem chegar a um acordo sobre a questão, encontramos um jeito de seguir adiante.

O amor e a consciência são parte essencial da nossa natureza. Estão sempre presentes. É somente entrar em sintonia com eles e afastar os obstáculos que existem, quase todos, em nossa própria mente. Nossos pensamentos habituais são como nuvens. O amplo céu de amor e consciência está sempre aberto, nos chamando, mesmo que oculto pelas nuvens. O segredo é sintonizar o céu por trás das nuvens, reconhecendo nele a nossa verdadeira natureza. As nuvens evaporam quando sopramos sobre elas o calor do nosso coração. A consciência e a compaixão por nós e pelos outros espantam as nuvens e permitem restabelecer a ligação com a nossa verdadeira natureza, que é amor, cuidado, acolhida e calor humano.

O Segredo Mais Bem Guardado

♥ ♥ ♥ ♥

Barry Neil Kaufman

"Se as nossas percepções determinam nossos comportamentos, então podemos usar o pensamento para atrair o amor? Claro que sim. Estou convencido de que o amor é uma escolha que podemos fazer e concretizar em nossa vida. Uma escolha segura, renovadora e cada vez mais profunda."

Finalmente encontrei uma definição de amor que, apesar de simples, fez com que ele entrasse em minha vida de forma surpreendente. Para mim, amar se resume a três aspectos: aceitar sem julgar, querer o melhor para quem se ama e contribuir para o desenvolvimento de todo o potencial do ser amado.

A descoberta, porém, que se tornou um ponto de referência e orientação na minha vida é que o amor é uma escolha. Quando jovem, eu não sabia disso. Pensava que o amor caísse do céu ou surgisse como num passe de mágica. E acho que muita gente também pensa assim. Em nossa cultura, o amor é visto como uma experiência passiva, uma coisa que simplesmente "nos acontece" ou não. Aprendemos a considerar o amor mais como reação do que como ação. Como num baile, em que devemos esperar que alguém nos tire para dançar. Muitos nunca chegam a entender que o amor é resultado da decisão de abrir o coração, uma decisão que pode ser tomada em qualquer momento da vida.

É isso mesmo: o amor não acontece – é uma escolha. Mas, para amar, é preciso desenvolver primeiro a felicidade em nosso interior. Quem está infeliz fica incapaz de amar. Ao investir na felicidade interior, o seu coração irá se abrindo para o amor. Fique atento para acolher as pequenas alegrias que a vida nos oferece diariamente. Procure livrar-se da tendência de criticar e julgar e passe a considerar acontecimentos e pessoas como preciosas oportunidades de aprendizagem. Esses pequenos passos e esforços irão construindo um ambiente de felicidade interior que ao manifestar-se e expressar-se, contribuindo para a felicidade dos outros, vai tornar você capaz de dar e receber amor.

Eu tenho uma tendência irresistível para o otimismo. Acredito que todo mundo pode ser amado. Temos apenas que aprender a enxergar isso nas pessoas. Acredito também que todos, sem exceção, são capazes de dar amor, e que uma única pessoa amorosa pode transformar o mundo.

Mas a maneira como sentimos e encaramos o mundo e o amor depende inteiramente da forma como escolhemos ver o mundo. Podemos, neste sentido, dizer que nós "construímos" o mundo. Eu e minha mulher, Samahria, confirmamos essa convicção quando tivemos um filho especial, uma criança autista e com retardo mental – condições que todos os especialistas concordaram em considerar incuráveis e irreversíveis. Eles olhavam para o nosso menino e diziam "mau, terrível", mas nós discordávamos: "maravilhoso, especial, uma oportunidade única em nossa vida!".

Na verdade, nosso filho não era objetivamente desagradável ou terrível. Nem maravilhoso ou uma oportunidade única. Essas eram opiniões "construídas" pelos especialistas e por nós. Mas o importante é que essas crenças, percepções e rótulos provocam comportamentos. "Desagradável, terrível" leva ao sofrimento, ao desespero e à inércia. "Maravilhoso, especial, oportunidade única" leva ao otimismo, à esperança, a muita criatividade e ação.

Se as nossas percepções determinam nossos comportamentos, então podemos usar o pensamento para atrair o amor? Claro que sim. Estou convencido de que o amor é uma escolha que podemos fazer e concretizar em nossa vida. Uma escolha segura, renovadora e cada vez mais profunda. Há muito tempo decidi que queria manter vivo o amor, não como quem participa de uma experiência misteriosa sobre um sentimento que foge ao nosso controle, mas como um princípio de vida. Foi então que passei por uma das situações em que o amor me tocou mais profundamente.

Samahria e eu adotamos várias crianças com histórias de abuso e violência. Estávamos a caminho do aeroporto para conhecer o mais novo membro da família, e eu ia pensando no que sabia sobre o menino: ele tinha cinco anos, aos dois e meio tinha perdido a mãe, e o pai, tentando se livrar dele, tinha lhe cortado a garganta. Conseguiu sobreviver e foi acolhido em um orfanato. Quando ouvimos pelo telefone "Não encontramos ninguém que quisesse adotar este menino. Vocês não querem tentar?" – respondemos imediatamente: "É claro que sim!" Nosso desejo era abrir o coração e a família para ele. Naquele momento, quase chegando ao aeroporto, me dei conta de que ia receber em meus braços uma pessoa que nem conhecia. Aquele garotinho seria meu filho e eu ia assumir o compromisso de ser seu pai enquanto ele quisesse. No saguão do aeroporto, quando as pessoas começaram a surgir, logo reconheci um homem que já tinha visto no orfanato. Ele trazia pela mão uma criança de aspecto muito frágil. Apoiei um dos joelhos no chão, para que meu tamanho não assustasse o menino, e abri os braços. Ainda estávamos a uns cinqüenta metros um do outro, mas ele entendeu quem eu era e veio na minha direção. Parecia que meu pequeno Robby corria em câmara lenta. Ao primeiro passo, eu pensei: "Eu te amo, meu filho." Ao segundo passo, pensei: "Eu te amo mais ainda, meu filho." Ao terceiro: "Te amo cada vez mais..." Quando ele pulou nos meus braços, percebi que eu tinha chegado ao nível mais profundo de amor, e que já estava profundamente ligado àquele pequeno estranho.

Na definição de amor que dei no início do artigo, sugeri primeiro aceitar a pessoa sem julgar. Em seguida, olhar nos olhos da pessoa, desejando profundamente o melhor para ela. E terceiro, investir para ajudar o ser amado a desenvolver todo o seu potencial. Gostaria de acrescentar a idéia de amar indiscriminadamente. Este tipo de amor não tem nada a ver com promiscuidade, mas com o desenvolvimento da capacidade de amar a todos sem esperar nada em troca. Em geral, somos avaros com nosso amor e o limitamos a um grupo restrito, como se o amor fosse uma fonte que pode secar. Mas a melhor maneira de desenvolver o amor é distribuí-lo indiscriminadamente, sem colocar exigências ou condições. Parece romântico ou utópico, mas tente fazê-lo aos poucos: abra o coração para quem passar por seu caminho, como o motorista de ônibus, o garçom, o porteiro, a faxineira, o carteiro. Pequenos gestos, um cumprimento, um sorriso, com a intenção de transmitir amor para aquela pessoa única, que tem sua história, suas carências, seu desejo de amor e felicidade. Quanto mais praticamos o amor, mais a nossa vida se enche dele. Quem pratica levantamento de peso pode observar o mesmo resultado – o corpo responde aumentando a força e o tamanho dos bíceps. É um princípio básico: aquilo que recebe mais atenção e cuidado se desenvolve mais. Infelizmente, na nossa cultura, temos o hábito de dedicar o máximo de atenção à raiva, ao medo, à ansiedade, aos julgamentos, às críticas. Imagine como seria se, em vez disso, resolvêssemos nos concentrar no amor!

Uma vez, um dos meus filhos me perguntou: "Mas pai, se você ama todo mundo, até os estranhos que passam na rua, e nós? Não somos especiais para você?" Eu respondi que posso amar cem, mil, um número incontável de pessoas, mas com cada uma delas a experiência é diferente, especial. E que quanto mais se investe no amor, mais cresce a capacidade de amar. Então, posso dizer que, quando decido distribuir amor indiscriminadamente, eu me torno uma pessoa mais amorosa e aumento a minha capacidade de amar cada um em particular.

Investir no amor é muito importante. Algumas pessoas dizem: "Quero tal carro", "Quero fazer um bom casamento" ou

"Quero que meus filhos me obedeçam". Quando eu pergunto "por quê?", em geral me respondem: "Porque vou me sentir bem." De fato, ao conseguirmos o que pensamos querer, temos uma sensação de prazer, calma interior ou paz de espírito. Mas é uma sensação passageira e vulnerável a qualquer mudança nas condições exteriores. Só alcançamos o verdadeiro "sentir-se bem" quando nos enchemos de amor.

Descobri alguns atalhos que levam ao amor e à felicidade. Primeiro, aprenda a viver no presente. Em vez de ficar remoendo o passado e apegando-se a ele ou se preocupando com o futuro, procure concentrar-se no "agora", porque é nele que estão o amor e a felicidade.

Segundo, faça do amor e da felicidade as prioridades da sua vida. Às vezes nos distanciamos desse objetivo. Investimos mais tempo, energia e dinheiro em cursos e carreiras, compra de móveis, roupas e carros, do que em estabelecer as bases para o amor, a felicidade, a paz interior. A decisão de direcionar o máximo de energia para o amor e a felicidade cria um estado de espírito capaz de realmente transformar a vida.

Terceiro, preste atenção nos seus julgamentos. Tente não julgar os outros porque, ao fazê-lo, você ergue uma barreira. Críticas e julgamentos provocam hostilidade. Desapegar-se dessas atitudes lhe permite acolher e compreender melhor. Além disso, quem julga e critica os outros acaba julgando-se e criticando-se sem complacência. Aproxime-se com amor e verá como a resposta vai ser mais amor.

O atalho seguinte é a gratidão, um sentimento maravilhoso para abrir o caminho do amor e da felicidade. Às vezes, agimos como consumidores vorazes que invadem o mercado: compram um belo queijo e, ao chegarem em casa, começam a reclamar dos buracos do queijo, em vez de alegrarem-se com seu sabor. Trocamos a satisfação pelo que temos pela frustração por causa do que nos falta. No seu cotidiano procure ficar atento para o que tem – desde as coisas óbvias, que lhe parecem naturais – expressando gratidão, em vez de lastimar-se pelo que está faltando. Essa atitude contribui para desarmar o coração, a mente e o espírito, abrindo caminho para o amor e a felicidade.

E, finalmente, mantenha a autenticidade, tanto dos pensamentos quanto das atitudes. Uma das maiores causas de distanciamento entre as pessoas é o medo de nos mostrarmos como realmente somos. Em geral, é medo da rejeição. Mas o resultado é um grande descompasso interno entre nossos verdadeiros sentimentos e o personagem e as máscaras que criamos. Ao nos despojarmos das máscaras e ao despirmos a fantasia, sentimos uma grande liberdade: de expressar quem somos e sentimos e de acolher o que o outro é. Qualquer gesto autêntico contamina o ambiente e provoca gestos iguais, criando muita alegria e aproximação. É desse material que são feitas as pontes que levam à união. Este é um ato de amor.

Existe uma frase que uso com freqüência: em matéria de amor, aprendemos a agir como pedintes. De mão estendida, ficamos esmolando – “Me ame, pelo amor de Deus” –, crentes que, recebendo amor, vamos ser mais felizes. Infelizmente, é um esforço inútil, pois só podemos experimentar o amor quando nos enchemos dele e desejamos compartilhá-lo com os outros. Só podemos dar amor quando vivenciamos o amor dentro de nós. O vencedor é aquele que mais ama. Esta é a chave da experiência do amor.

O Coração Está Sempre Aberto

♥ ♥ ♥ ♥

Stephen e Ondrea Levine

"Dizem que a vida é curta. Não é verdade. A vida é tão longa, que não há tempo a perder longe do perdão e da ternura. A vida é tão longa, que, sem a prática espiritual, são poucos os que se mantêm vivos o suficiente até chegar ao leito de morte. A maioria morre muitos anos antes."

Assim como o sol sempre brilha, o coração está sempre aberto. Para sermos amorosos basta afastar o que estiver bloqueando a luz natural do coração. São os medos e os desejos que impedem o amor de fluir. Ser uma pessoa realmente amorosa significa viver no presente – não no passado nem no futuro – e usar a ternura para chegar até mesmo aos corações mais hostis.

É claro que não é fácil. O mundo em que vivemos oferece uma série de obstáculos para o exercício do amor. Por isso é preciso uma atenção especial e uma determinação firme para mantermos o amor como um objetivo a ser permanentemente buscado. Gosto de fazer uma comparação entre o que fazemos na vida e a nossa atitude frente aos peixes. Podemos querer pescá-los – por prazer, por segurança, por vaidade –, assim como podemos querer consumir pessoas e situações para satisfazer o nosso ego: sentimos uma grande euforia cada vez que fisgamos um desses "peixes". Acho que foi Hari Dass quem considerou a descoberta da dor que existe no prazer como uma das lições mais importantes que aprendeu na vida. Nós nos agarramos ao prazer como a uma corda que nos queima as mãos, tentando tornar permanente o que é passageiro e um dia se acaba. Mas frente aos peixes podemos tomar outra atitude, tirando o anzol da água e apenas contemplando o seu movimento. Vistos de modo diferente, vão se tornar pura beleza a ser admirada. Assim como se altera a nossa percepção dos peixes nadando na água, o relacionamento com os objetos do nosso desejo pode também mudar radicalmente. O desejo deixa de nos impulsionar para fora de nós e passa a nos alertar quando desponta. Ele abre o coração, porque nada melhor para abrir o coração do que estar atento a tudo que o fecha, enfraquece, confunde.

Nossos comportamentos condicionados foram se instalando aos poucos, no correr dos anos. Para nos libertarmos deles é preciso fazer o mesmo: repetir continuamente pequenos gestos de perdão, de ternura, de solidariedade. Pode parecer pouco e, de fato, muitas vezes ouvimos pessoas afirmarem preocupadas: "Para falar a verdade, acho que meu coração só fica aberto uns dois minutos por semana." Isso não nos assusta e nós lhes dizemos: "No mundo hostil em que vivemos, manter o coração aberto é um milagre." É bom que o coração se abra aos poucos para que possamos nos preparar para o impacto causado pela grandeza total do coração.

Todas as nossas buscas de felicidade podem percorrer vários caminhos, mas serão todas frustradas se não descobrirmos que só existe uma única fonte de realização profunda do ser humano: o amor. O resto é todo o atordoamento que criamos para fugir do sofrimento. O amor nos permite alcançar a enorme e absoluta fonte de satisfação que é a nossa verdadeira natureza, e da qual temos apenas uma visão momentânea cada vez que realizamos um desejo. E partimos para realizar outro desejo, procurando reproduzir a sensação maravilhosa experimentada, sem nos darmos muitas vezes conta de que, se não investirmos profundamente no amor, haverá sempre uma sensação de vazio depois da euforia da conquista.

Quem nunca ouviu dizer "Se eu encontrasse o parceiro certo, seria feliz pelo resto da vida"? Mas um relacionamento por si só não faz ninguém feliz. O que traz uma felicidade verdadeira é o trabalho interior para procurar manter o coração aberto. No entanto, o relacionamento é uma oportunidade excepcional para desenvolver o trabalho interior. Porque é nos relacionamentos que revelamos nossas verdadeiras características e é através deles que conseguimos superar nosso egoísmo, raiva, desconfiança, medos e expectativas. É nos relacionamentos que desenvolvemos a generosidade, a solidariedade, a paciência, a tolerância, a capacidade de perdão. Este é o trabalho interior que nos traz felicidade e paz.

As dificuldades que surgem no relacionamento são um dom precioso, desde que os parceiros sejam honestos um com o outro e usem a verdade como um instrumento de construção e não de agressão. Às vezes, as pessoas mais espiritualizadas tendem a levar adiante um mau relacionamento pensando que isso contribui para seu crescimento pessoal. Estão enganadas. A idéia de que a bondade deve estar associada à submissão não ajuda o mundo a ser melhor. Aceitar humilhações e violência de qualquer tipo não é sinal de compaixão. É antes uma atitude de autopunição. A dificuldade no relacionamento é encontrar um ponto ideal entre o medo de entregar-se e a confiança cega e a entrega total que podem levar a uma cilada armada pelos desejos e expectativas. Se o que você mais ama no mundo é seu parceiro – ou parceira –, os dois estão em dificuldade. Se seu parceiro – ou parceira – é a pessoa a quem você mais ama no mundo, e se Deus ou a verdade – como preferir chamar – é o que você mais ama, então o relacionamento com essa pessoa corresponde ao seu desejo mais profundo.

Dizem que a vida é curta. Não é verdade. A vida é tão longa, que não há tempo a perder longe do perdão e da ternura. A vida é tão longa, que, sem a prática espiritual, são poucos os que se mantêm vivos o suficiente até chegar ao leito de morte. A maioria morre muitos anos antes. Vamos perdendo pedaços do nosso corpo espiritual: um braço, uma perna... Vamos negando tantas partes da nossa verdadeira natureza, tantas partes do nosso coração, que vamos morrendo aos poucos no correr da vida. Mas a morte não é o problema. O problema é o fato de vivermos meio-mortos – subestimando a força do amor, tropeçando e caindo dia a dia por causa de atitudes impensadas, vendo e tratando o outro como objeto da mente e não como sujeito do coração.

O relacionamento nos dá contínuas oportunidades de estar

atentas. Muitos gostam gosta de pular de aviões tendo acima da cabeça somente um pedaço de seda – são os pára-quedistas. Outros gostam de pular de grandes alturas presos apenas por um elástico – são os adeptos do *bungee jump*. Quando se pergunta a essas pessoas por que preferem os esportes perigosos, elas respondem: "Para me sentir vivo." Quando a nossa sobrevivência está em risco, concentramos toda a atenção para sobreviver. Mas em geral, em nosso dia-a-dia, deixamos que a atenção se disperse, se dilua, como o sol em um dia nublado. Mas, assim como uma lente de aumento pode transformar este sol em um ponto de luz e calor intensos, a atenção é capaz de revelar-nos o que é essencial em nossa vida.

O mesmo acontece no relacionamento. O relacionamento é o esporte mais radical e perigoso, porque nunca sabemos se vamos sobreviver ao momento seguinte. Não sabemos se a imagem que fazemos de nós vai sofrer algum arranhão. E é melhor que sofra porque, quanto mais nos idealizamos, mais nos afastamos da verdade. Quanto mais nos desapegamos dos nossos medos, mais facilmente abandonamos nossas expectativas e nos voltamos para os sentimentos do outro. Como disse São Francisco: "Que eu procure mais amar que ser amado." Se investirmos em amar, vamos receber muito mais amor do que poderíamos imaginar. Não há nada mais sublime do que um coração aberto.

A Força da Benevolência

♥ ♥ ♥ ♥

Sharon Salzberg

"A tradição budista tem um ditado:
'Percorra todo o universo à procura de alguém
que mereça mais o seu amor do que você.
Não vai encontrar.'"

A força do amor e da benevolência tem sido desprezada em nossa cultura. Existe uma crença de que as pessoas generosas correm o risco de serem exploradas, de se deixarem dominar, de que são ingênuas. É quase como se o amor fosse uma fraqueza e que, se nos entregarmos a ele, ficaremos vulneráveis, abandonando nossas defesas e expondo-nos a agressões.

Em minha opinião, é preciso mudar radicalmente esta visão e entender a força de um coração amoroso. Todos somos capazes de dar e receber amor. Viver com medo é o mesmo que estar congelado. Buda ensinava que o amor – e em especial a benevolência, *metta* – é o antídoto do medo. Em um poema de Mary Oliver existe um verso lindo: "Quando o medo perde a força, estamos vivos." Somos oprimidos por medos, julgamentos, culpa – esta considerada pela psicologia budista uma espécie de autopunição. Quando a opressão cessa, nos sentimos vivos. É a força do amor.

Alguns de nós têm a sorte de experimentar essa força amorosa com outra pessoa, alguém que nos oferece amor incondicional e a quem podemos nos mostrar como realmente somos, com total honestidade, sem medo de rejeição. Alguém por quem temos profundo respeito, que nos transmite segurança e verdade. Alguém que nota quando estamos em dificuldade e sente junto – não como se estivesse do outro lado de um abismo, mas ao nosso lado, nos compreendendo, apoiando, estimulando. Essa é a verdadeira essência do coração amoroso: o sentido de comunhão.

A tradição budista tem um ditado: "Percorra todo o universo à procura de alguém que mereça mais o seu amor do que você. Não vai encontrar." Ninguém merece mais o nosso amor e carinho que nós mesmos. Práticas espirituais baseadas em auto-acusação e culpa não se sustentam. Elas fazem de nós pessoas medrosas, inseguras, incapazes de amar-se e, conseqüentemente, de amar os outros. Temos que começar a nos aceitar como somos e a gostar de nós, sabendo que, como qualquer ser humano, temos falhas e cometemos erros, mas somos capazes de reparar, superar, crescer. Só assim vamos exercer a capacidade de amar.

Buda disse: "Se você se amasse de verdade, jamais seria capaz de ferir outra pessoa." Ferir o outro é como se ferir. A psicologia budista estabelece a diferença entre culpa e remorso. Remorso é a consciência e o reconhecimento de ter feito mal a alguém. Ao sentir a dor do remorso, nos livramos dele e temos energia para prosseguir e procurar reparar o mal causado. A culpa é completamente diferente: uma visão dolorosa e contínua do passado, verdadeira flagelação mental, com pesada auto-acusação. A negação de que somos falíveis e estamos em processo de aprendizagem para nosso crescimento. Feridos e exaustos, não encontramos força para mudar e seguir em frente.

Se as críticas que nos fazemos e o ódio que voltamos contra nós quando nos culpamos ou acusamos servissem para nos aliviar, já estaríamos livres há muito tempo. Podem ter certeza: só o amor funciona, o ódio nunca. Existe uma tendência em nós para julgar, condenar e odiar. Não se trata de nos censurarmos por ela, mas de reconhecê-la, tomar contato e desapegar-nos, dizendo-nos que não é esta a escolha que queremos fazer. Porque não resolve o problema. Pelo contrário, piora.

Buda afirmou: "A mente repleta de amor se parece com o espaço vazio." Aqui, *mente* e *coração* são sinônimos. O que Buda quis dizer? Que o coração totalmente ocupado pelo amor é como o espaço, que não pode ser manchado nem tocado. Imagine alguém em uma área aberta atirando tinta em todas as direções. A tinta não tem onde se agarrar e cai. Ao tornarmos nossa mente – ou nosso coração – cheia de amor, ela fica livre, aberta, ilimitada como o espaço. Assim como a tinta, os aborrecimentos, os problemas vindos de dentro ou de fora, não conseguem "grudar".

Há pouco tempo estive em Israel dando um curso de meditação para o perdão. Durante uma palestra, um homem contou que tinha sobrevivido a um ataque terrorista e ainda sofria com fragmentos de projéteis que trazia no corpo. Ele disse que achava quase impossível perdoar, mas sabia que era importante deixar de odiar.

É claro que só nós somos capazes de eliminar o ódio que sentimos. Existem dois bons motivos para tentá-lo. O primeiro é em benefício próprio: os sofrimentos causados pela raiva paralisam e queimam por dentro. O segundo é que, para que o mundo comece a mudar, é preciso que alguém interrompa o ciclo do ódio.

Para desenvolver de fato um coração amoroso, é preciso praticar a meditação, um processo bem diferente da simples leitura sobre o assunto, como a que você faz agora. Com a prática da meditação durante pelo menos cinco minutos por dia, podemos ter uma percepção mais profunda sobre as seguintes questões: "O que acontece quando digo ou penso que desejo que todos sejam felizes? O que acontece quando paro por cinco minutos e me desejo amor, segurança e paz? O que acontece quando penso naquela pessoa por quem sinto tanto afeto e gratidão? O que acontece quando penso em alguém de quem não gosto, mas reconheço que ele – ou ela – também quer ser feliz?" Experimente, comece com cinco minutos e, à medida que for sentindo os benefícios desta prática, será cada vez mais fácil meditar.

Alguns ficam pouco à vontade tentando praticar a benevolência, com a sensação de tratar-se de um processo artificial e mecânico, falso até. Costumo comparar a dedicação ao plantio de sementes com a plantação do nosso jardim de amor. Para qualquer jardim florescer, temos que ousar dar o primeiro passo. Quando você lança as sementes na terra, nunca tem certeza das flores que vão brotar. Os atos de benevolência são as sementes que se planta quando se deseja colher como resultado um coração amoroso.

Em meus seminários uso uma técnica para chegar à *metta* de que gosto muito: a que utiliza uma pessoa neutra. Às vezes, por incrível que pareça, o mais difícil é encontrar uma pessoa neutra, porque, ao pensar em alguém, imediatamente decidimos se ele – ou ela – nos agrada ou não. Esta é uma constatação importante e surpreendente: a facilidade com que emitimos opiniões sobre pessoas que não conhecemos e que, por isso, deveriam ser neutras para nós. Por que não nos aproximamos daqueles cuja história não sabemos com cuidado e afeto, pensando que se trata de uma pessoa que, como nós, quer ser feliz? Assim, a distância desaparece. Nos seminários, vejo essa técnica produzir bons resultados, levando alguém que contempla uma pessoa neutra nessa perspectiva a sentir amor por ela e desejo maior de conhecê-la.

Uma das lições mais importantes da prática espiritual é o poder da mente. Embora estejamos todos vivendo no mesmo mundo, a realidade de cada um é resultado não apenas dos acontecimentos, mas de como eles nos afetam o coração – do espaço que existe dentro dele – e de como a mente se abre ou se fecha para os eventos externos. Não se trata de, no meio de um engarrafamento irritante, fingir que não liga. Pelo contrário: é reconhecer seus verdadeiros sentimentos, entender o estresse e desgaste que produz, mas, em vez de ceder à raiva, aproveitar o momento para meditar, ouvir música, respirar profundamente, pensar nas pessoas que ama, olhar em torno e imaginar a vida dos que o cercam, até mesmo sorrir para eles. Ter um coração franco, aberto, é se dar o direito de escolher, optar e entender que tudo pode ser visto por vários ângulos e vivido de várias maneiras.

Em *Lovingkindness,* conto uma situação vivida por minha amiga Sylvia Boorstein, quando o avião em que viajava apresentou problemas no sistema hidráulico e teve de retornar ao aeroporto. A cada cinco minutos, o comandante anunciava pelo sistema de som a contagem regressiva: "Trinta e cinco minutos para a aterrissagem... Trinta minutos para a aterrissagem..." Durante todo o tempo de espera, Sylvia praticou um exercício de benevolência, mentalizando seus parentes mais próximos, envolvendo-os em afeto e cuidado e confirmando sua ligação com todos eles. Quando o comandante informou "Vamos aterrissar em cinco minutos", Sylvia se deu conta de que, em pouquíssimo tempo, poderia estar morta. Continuou sua prática de benevolência e, de repente, concluiu que não havia motivo para limitar seus pensamentos à família. Se só tinha cinco minutos de vida, o melhor era abrir o coração para todos os seres humanos. E isso aconteceu sem qualquer planejamento, pressão ou intenção. Foi um impulso que veio de seu íntimo e a que ela obedeceu.

Metta não é uma decisão imposta, do tipo "Agora sou uma pessoa muito espiritual e, por isso, vou amar todos os seres vivos". Muito menos quer dizer que, se eu estiver fervendo de raiva ou morrendo de medo, vou usar uma máscara sorridente e fingir que está tudo bem. Nada disso. *Metta* é o momento em que Sylvia viu desaparecer o significado de "eu e eles". Nasceu da constatação de que poderia morrer em poucos minutos – então, por que manter limites e barreiras? E quando as barreiras caem, brota o amor natural, espontâneo e irrestrito. É o momento que procuramos. É o momento em que nos sentimos vivos.

Só se encontra a força pela prática. Há muito tempo, um professor me disse uma coisa maravilhosa: "A sabedoria de Buda resolveu os problemas dele. Agora, resolva os seus." A prática nos mostra que temos o conhecimento, a força, a capacidade de amar e de, em tempo real, em situações da vida real, perceber os fatos por vários ângulos. É a prática que nos leva a isso.

O Amor no Espelho

♥ ♥ ♥ ♥

Harville Hendrix, Ph.D.

"Uma das minhas frases favoritas é a que diz que não é o amor que leva ao casamento – é o casamento consciente, intencional, que cria o amor. Isso vale para qualquer relacionamento. O amor nasce em meio ao conflito. É assim que conseguimos manter vivo o sonho de amor e romance."

Eu e minha mulher, Helen, nos conhecemos há dezoito anos e estamos casados há treze. Recentemente, fomos convidados a fazer uma palestra sobre como "manter vivo o sonho". Devíamos falar sobre nosso relacionamento e sobre as técnicas que desenvolvemos para preservar e enriquecer o amor. A princípio, ficamos intimidados, querendo evitar qualquer mitificação e avaliando o que seria importante transmitir. Finalmente, decidimos contar a verdade – que nosso relacionamento é o resultado de treze anos de esforços para vencer os desafios que, como acontece com toda gente, surgiram para nós.

Uma das maiores dificuldades que encontramos foi manter o encantamento dos momentos românticos. Líamos poesia juntos, passeávamos e íamos ao cinema ou a um bom restaurante, mas eram instantes fugazes que, em poucos dias, quando não na mesma noite, se perdiam. E voltávamos aos pequenos atritos que geravam uma animosidade recíproca. Aos poucos fomos deixando de lado o romantismo, talvez com a sensação de que era inútil.

Quando nos demos conta do que estava acontecendo, começamos a observar nosso relacionamento com olhar crítico. Percebemos que o encantamento dos momentos românticos ficava destruído pela censura e competição. Se as opiniões sobre um filme eram diferentes, por exemplo, cada um tentava impor seu ponto de vista e a conversa acabava em discussão. Vivíamos nos criticando. Acabamos fazendo uma descoberta interessante: a característica que nos irritava no parceiro era geralmente um aspecto nosso de que não gostávamos. Não querendo aceitar as próprias falhas, atribuíamos e censurávamos a falha no outro. A dificuldade em aceitar os defeitos alheios é, na verdade, uma forma inconsciente de auto-rejeição. Concluímos que estava aí uma das principais fontes dos nossos conflitos e provavelmente o combustível que abastece as brigas de muitos casais – se não de todos.

Essa rejeição inconsciente prejudica a expressão do amor e interfere na capacidade de receber amor. Quem não se aceita ou não gosta de si acha que é incapaz de despertar amor. E quem acha que não recebe amor não se dispõe também a dar. Ao compreender esse mecanismo ficou muito mais fácil o relacionamento. Entendemos que para fortalecer a auto-estima é preciso inicialmente ter muita tolerância consigo mesmo, aprendendo a amar no outro o que não gostamos em nós. Ao perceber que, ao nos criticarmos, estávamos alimentando um ódio inconsciente por nós mesmos, conseguimos ir evitando as críticas. E descobrimos que o amor-próprio é, paradoxalmente, o amor pelo outro. Consiste principalmente em amar no outro os aspectos que rejeitamos em nós.

Para isso, desenvolvemos uma estratégia a que demos o nome de "casamento consciente". No casamento consciente, os conflitos que geralmente levam os casais à separação passam a ser vistos como uma tentativa inconsciente de resolver os problemas e estabelecer uma ligação mais profunda. A crítica, que é a expressão do conflito, afasta e cria defesas. O que o casal precisa fazer é ajudar o inconsciente em suas tentativas de manter a conexão essencial e restaurar a unidade original. A partir dessa conclusão, criamos uma forma especial de comunicação que consideramos vital para todo relacionamento e, em especial, para os relacionamentos amorosos. É o "diálogo intencional" inspirado nos trabalhos do teólogo e especialista em filosofia judaica Martin Buber.

O processo consta de três etapas. A primeira consiste no que chamamos "imagem no espelho". Sua intenção é ensinar a escutar sem fazer interpretações e procurando não reagir emocionalmente: o ouvinte simplesmente devolve as palavras de quem lhe fala. Toda e qualquer interpretação emocional sobre o significado das palavras é descartada. Quem ouve apenas repete as palavras de quem fala, sem qualquer julgamento.

A segunda é a "confirmação", quando o ouvinte, depois de cumprir a primeira etapa, tenta entender o assunto pelo ponto de vista do outro. Pode começar, por exemplo, afirmando: "Eu estou entendendo o que você disse da seguinte forma...", completando em seguida com a compreensão que teve. Ou então: "Eu cheguei tarde, realmente, e por isso compreendo que você pense que eu não levo meus compromissos a sério." Essas são afirmativas que fazem o ouvinte perceber que a lógica na mente do outro é tão válida e verdadeira quanto na dele. E avançar no caminho do conhecimento e da compreensão.

A terceira etapa do diálogo é a relação de empatia ou o profundo entendimento dos sentimentos da outra pessoa. Quando somos capazes de espelhar os sentimentos do outro, repetir e confirmar o que o outro disse e ver com os olhos do outro, alcançamos a empatia. Um exemplo de relação de empatia: "Percebo o que você está passando e imagino o sofrimento, a ansiedade ou a raiva que deve estar sentindo." Com a prática, a empatia leva a sentir com o outro, a experimentar o que se passa dentro dele – ou dela. Através da empatia, alcançamos a verdadeira integração, sem, no entanto, perder a individualidade. Chamamos a isso libertar o companheiro – ou companheira – da prisão dos nossos próprios conceitos.

Helen e eu, com a ajuda de Buber, vemos esse processo como a descoberta do "você" sem renunciar ao próprio "eu". Não posso amar verdadeiramente enquanto não abandonar a certeza de que tenho sempre razão, enquanto não estiver aberto e disposto a entender a lógica do outro, a sentir com o outro, separando porém seus sentimentos dos meus. Só posso começar a amar depois de entender e vivenciar profundamente o "você". Se não for assim, estarei amando aquilo que eu imagino que o outro seja. Ou seja: amando minha própria imagem. Amor verdadeiro existe quando experimento e respeito a individualidade do outro, sem me prender aos meus próprios desejos e expectativas. E posso manter esse amor, mesmo nos momentos de conflito ou quando minhas expectativas não são satisfeitas.

No trato com nossos filhos, usamos o mesmo processo. Há pouco tempo, eu me aborreci com Hunter, nosso filho de dez anos, e falei duro com ele. Em vez de procurar se defender, ele começou a repetir minhas palavras e gestos e a tensão logo se desfez. Em outra ocasião, durante uma viagem de carro, comecei a criticar minha mulher por alguma atitude dela com que eu não concordava. Minha filha Leah se debruçou sobre o banco da frente e falou baixinho no ouvido de Helen: "Repete ele, mãe." É claro que a cena acabou imediatamente. Ficamos felizes em constatar que o nível de ligação emocional que eu e Helen alcançamos está passando para as crianças. Usamos também o diálogo intencional com nossos filhos adultos. Sempre que há um problema, nós os chamamos para conversar. Às vezes, a conversa é bastante longa, mas sempre conseguimos resolver a questão. O diálogo nos une de tal forma, que a energia flui.

Essa estratégia também pode ser usada para responder a experiências positivas. Quem ganha com isso é o relacionamento, que se consolida pela maior riqueza na comunicação. Espelhar o positivo reforça o que é bom e estimula o comportamento que causou a experiência.

No meu trabalho e na vida tenho observado que o fato de não se sentir amado está mais ligado à auto-rejeição e à autocrítica inconscientes do que à verdadeira falta de amor. A autocrítica é tão intensa, que a pessoa não se sente realmente digna de ser amada e por isso se fecha para perceber e receber qualquer manifestação de amor. Portanto, eis a questão: como entrar em contato com nosso inconsciente e trabalhar os sentimentos de auto-rejeição que lá se encontram?

Em primeiro lugar, tomando consciência do que não nos agrada no parceiro – ou parceira –, nos filhos e na humanidade em geral. O que é que realmente nos incomoda? No meu caso, fico aborrecido quando Helen exagera nos doces ou passa o que eu considero tempo demais falando ao telefone. Mas eu também exagero, ficando às vezes horas em frente ao computador, quando poderia estar convivendo com a família ou amigos. Quando identificamos com precisão o que nos desagrada nos outros, provavelmente encontramos o que nos desagrada em nós mesmos e que estávamos projetando na outra pessoa.

Como superar essa projeção? No meu caso, descobri que consigo aprender observando a função de um comportamento – falar ao telefone, por exemplo – na vida de Helen e tentando descobrir o significado que isso tem em minha vida. A seguir, procuro encontrar em mim um comportamento parecido com o dela – ficar tempo demais no computador. Se eu repensar a atitude de Helen, entendendo e valorizando a importância que isso tem para ela e até apoiando-a, posso começar a sentir o que chamo de amor-próprio paralelo. Amando minha mulher, amo a mim mesmo. E me livro da auto-rejeição inconsciente. Cada vez que olho para alguém sem julgamento ou crítica, mas com compreensão e empatia, faço o mesmo por mim. Resultado: eu recebo o amor que dou.

Ao desenvolvermos o amor-próprio através do amor que

damos um ao outro, Helen e eu descobrimos que não era mais preciso criar momentos de romantismo ou ocasiões especiais para expressar nossos sentimentos. Criamos um porto seguro, o que nos permite manter o romantismo. Se, de repente, o tumulto da vida nos envolve, voltamos ao diálogo intencional e nos damos tempo para restabelecer a ligação, ainda que não tenha havido um conflito. Acredito que é na segurança de ver o outro como "você", um ser único e original, que o amor nasce e se sustenta. Uma das minhas frases favoritas é a que diz que não é o amor que leva ao casamento – é o casamento consciente, intencional, que cria o amor. Isso vale para qualquer relacionamento. O amor nasce em meio ao conflito. É assim que conseguimos manter vivo o sonho de amor e romance.

O Coração É a Fonte

♥ ♥ ♥ ♥

Jack Kornfield, Ph.D.

"As perguntas feitas ao fim da vida devem ser muito simples: 'Eu soube amar? Amei de verdade os que me rodeavam, minha comunidade, o mundo?'"

Se você quer amar, encontre tempo para escutar seu coração. Entre povos sábios e antigos é comum as pessoas conversarem com o coração. Existem rituais, histórias e práticas de meditação em toda tradição espiritual que despertam a voz do coração. Para viver com sabedoria, isso é essencial, porque o coração é a fonte de conexão e proximidade com a vida. E vida é amor. A misteriosa qualidade do amor está em torno de nós, tão real quanto a força da gravidade.

Ainda assim, quantas vezes nos esquecemos do amor!

O amor começa quando reconhecemos que o que nos realiza mais profundamente não é o que possuímos ou fazemos, mas o estado do nosso coração. Nosso coração está muito próximo de nós, mas o tumulto e o atropelo da vida nos fazem perder isso de vista.

Se você tiver o privilégio de estar ao lado de alguém que chega consciente ao fim da vida, as perguntas são muito simples: "Eu soube amar? Amei de verdade os que me rodeavam, minha comunidade, o mundo?" E talvez: "Vivi intensamente? Eu me entreguei à vida?"

No coração de cada um de nós existe uma voz de sabedoria, uma canção que nos lembra das coisas que mais valorizamos e desejamos e que já sabíamos desde crianças. Os membros de uma tribo no leste da África já reconhecem essa canção antes de nascer. Nessa tribo, a data do nascimento não é o dia em que a criança chega ao mundo fisicamente nem quando foi concebida, como em outras culturas. É quando a mãe decide ter um filho com um determinado homem. Nesse dia, ela se afasta e se senta sozinha embaixo de uma árvore bem grande. Fica lá em silêncio e prestando atenção, até escutar dentro de si a canção da criança que ela espera que vá nascer. Então, volta para a aldeia e ensina a canção para aquele que vai ser o pai, para que cantem juntos enquanto fazem amor, convidando a criança a se juntar a eles.

Já grávida, ela canta a canção para o bebê em seu útero. Mais tarde, ensina também às anciãs e às parteiras para que, durante o trabalho de parto e no milagroso momento do nascimento, a criança seja recebida ao som de sua canção. Então, todos da tribo aprendem a canção do novo membro e a cantam quando a criança cai ou se machuca. Rituais de iniciação e comemoração de vitórias acontecem ao som deste mesmo canto, que é entoado também na cerimônia de casamento. Na hora da morte, os entes queridos se reúnem em torno do seu leito e se despedem, cantando a canção pela última vez.

Essa história nos dá vontade de também sermos capazes de ouvir essa canção que é só nossa e de termos nossa vida orientada com o mesmo respeito. Mas somos empurrados para o redemoinho. Nossas vidas são complicadas, e a nossa cultura é materialista, ambiciosa, voltada para fora. Tudo isso nos faz perder a capacidade de ouvir essa canção interior. É difícil estar em contato com o coração em meio a uma vida atribulada.

Anne Wilson Schaef, que escreve sobre os vícios de nossa sociedade, diz o seguinte: "Na sociedade moderna, o indivíduo considerado bem ajustado é aquele não está vivo nem morto, apenas entorpecido, um zumbi. Quando você está morto não contribui para a sociedade com seu trabalho. E quando vivo, você incomoda porque precisa constantemente dizer não a vários aspectos da sociedade – racismo, poluição ambiental, ameaça nuclear, corrida armamentista, água de má qualidade, alimentos cancerígenos. A sociedade de consumo está interessada em promover aquilo que nos mantém distraídos e voltados para os nossos próprios problemas, deixando-nos meio adormecidos, como zumbis. Por isso, digo que nossa sociedade funciona como uma droga que cria viciados."

Não admira que seja tão difícil estar em contato com nosso coração! Ao conversar com o coração, devemos fazer as perguntas mais honestas: "Como nos sentimos em relação à vida que estamos levando? É uma vida voltada para a integridade, o respeito, a plenitude e a criatividade? Ou as responsabilidades da vida adulta se transformaram em prisão para nosso corpo e nosso espírito?"

Quantos de nós começamos, ainda na infância, a perder a

inocência e o contato com o coração, que ficaram soterrados para que pudéssemos sobreviver às exigências da escola, família, religião e cultura? Por isso, a arte de viver em contato com o coração depende em parte de recuperarmos a capacidade infantil de ouvir com o coração. O famoso pintor norte-americano James McNeill Whistler cursou a Academia Militar de West Point em meados do século XIX. Em uma aula de engenharia, o instrutor pediu aos alunos que desenhassem uma ponte. Whistler desenhou um belo modelo em arcos de pedra e completou com dois rapazes sentados sobre seu gradil, pescando. O tenente zangou-se: "Isto é um exercício militar. Tire esses garotos da ponte." Whistler refez o trabalho, desta vez com os rapazes pescando na margem do rio. O tenente ficou ainda mais zangado: "Eu já disse para sumir com esses garotos da cena!" Então, na última versão, Whistler desenhou a ponte, o rio e dois túmulos com o nome dos rapazes em cima. Essa história é um símbolo de como perdemos nosso coração e a conexão com nós mesmos. Whistler levou muitos e muitos anos exercitando sua pintura até despertar novamente o espírito de criança que tinha adormecido dentro dele. Assim como esse pintor, percorremos um caminho que passa por nossas lágrimas e sofrimentos soterrados até redescobrirmos a fonte de alegria da nossa infância.

A meditação, a vida contemplativa e a oração oferecem meios que nos permitem ouvir em profundidade e estabelecer a conexão perdida. A quietude é fundamental para que nos mantenhamos em contato com nosso coração. Precisamos usar o tempo para "ser" em vez de "fazer". Temos necessidade de um Sabbath, um dia de descanso a intervalos certos, um tempo de parar para entrar em contato com o espírito presente em todas as coisas. Qualquer atividade em excesso, mesmo o exercício do bem, pode perturbar esse contato. Como Thomas Merton disse: "Deixar-se carregar por uma multidão de preocupações e conflitos, ceder a excessivas demandas, comprometer-se com inúmeros bons projetos, querer ajudar em tudo e a todos é sucumbir à violência dos dias de hoje."

Então, o que procuramos ao viver com o coração é chegar a um ritmo de vida que reserve tempo para a renovação no contato com a natureza: tempo para andar à toa, para sentar em paz, para ouvir os sons da vida que nos cerca, os sons do corpo, os do coração. A meditação nos ensina esta arte pelo simples ato de acompanhar o ar que entra e sai dos pulmões, até sentir o ritmo da vida presente em nosso corpo. Aí, sim, podemos prestar atenção às histórias que a mente nos conta, aos anseios do coração, aos nossos valores mais importantes. A meditação cultiva a arte da sagrada atenção. É uma oração que não pede nada, mas nos abre para ouvir "Não a minha vontade, mas a Sua": uma oração que se ouve com todo o ser.

Esse respeito por si, na quietude, na natureza, na oração, se desdobra naturalmente para tocar o coração dos outros. Podemos ouvir o outro com pressa ou de coração aberto. Podemos insistir nos nossos pontos de vista, bater pé, ficar na defensiva. Ou podemos ouvir com atenção sagrada, com respeito, para perceber qual é a verdade no coração de quem fala conosco.

Esse amor, essa conexão, essa intimidade não estão longe de nós. Como disse Madre Teresa de Calcutá: "Neste mundo, não podemos fazer grandes coisas. Mas podemos fazer pequenas coisas com muito amor." E não é muito complicado fazer essas pequenas coisas. Quando nos aquietamos, o caminho aparece. Ele é feito dos momentos que dedicamos a nós mesmos e a nossos filhos, quando ouvimos os amigos e cuidamos do ambiente que nos cerca. Quando agimos com o coração, respeitamos os outros e a nós mesmos em qualquer situação.

Mesmo no mundo moderno, com tecnologia tão avançada, é possível a recuperação desse respeito. Plaintree Hospitals, por exemplo, é uma rede de clínicas que vem implantando um modelo de atendimento voltado para o paciente. A música de fundo é sempre suave. Os pacientes dormem usando suas próprias roupas, em camas forradas com lençóis floridos, e não são obrigados a acordar cedo. Amigos e familiares podem chegar a qualquer hora e são estimulados a cuidar do doente, inclusive preparando a comida. A idéia faz muito sentido. Assim acontece com o coração: as coisas mais importantes, de que mais necessitamos, estão aí – só temos que arranjar tempo para ouvi-las.

O que, às vezes, acontece é que temos medo. Não acreditamos na capacidade do coração de manter-se aberto em meio a tanta agitação. Eu tenho um amigo, um homem de negócios, que começou a praticar meditação. Na mesma época, apareceu uma dor no peito tão forte, que ele pensou que estivesse com problemas cardíacos. Estávamos trabalhando juntos quando veio a dor. Pedi que ele respirasse suavemente, com a mão sobre o coração, levando o ar para a região da dor. Aos poucos, ele foi tomando consciência da agitação em que vinha vivendo. Brotaram lágrimas de seus olhos por tudo o que deixara de fazer, pelo pouco que se dedicara à família e à comunidade. As dores no peito foram diminuindo. E ele entendeu que podia levar a vida de modo diferente.

Quando começamos a tentar ouvir o coração, não é raro sentir tristeza. As tarefas que ficaram por terminar, as perdas, as dores negadas, a dor do mundo se mostram. Podemos nos abrir para acolhê-las com respeito e sagrada atenção. Podemos deixar que se desdobre a grandeza do nosso coração. Uma conhecida me contou que todas as manhãs, a caminho do trabalho, passava por um mendigo. Durante meses, diariamente, deixava uma moedinha na mão do homem e os dois se desejavam um bom dia. Até que um dia ela se deu conta de que nunca havia olhado nos olhos dele. Tinha a impressão de que, se fizesse isso, no dia seguinte o homem estaria sentado no sofá da sua sala. E por isso se fechou.

Assim como essa mulher, temos medo de não conseguir abraçar a tristeza ou a beleza do mundo. É verdade que o coração tem suas fases, assim como a flor que se abre de dia e fecha de noite, e que é preciso respeitar o ritmo do coração. Mas não podemos deixá-lo fechado por muito tempo, porque é da nossa natureza ter o coração aberto, como é da natureza da flor se abrir à luz do sol. O coração tem uma enorme capacidade de abraçar o mundo. Estamos intimamente ligados a tudo que nos cerca, acreditemos nisso ou não. Mas o coração sabe a verdade. Mahatma Gandhi dizia: "Acredito na unidade essencial de tudo que vive. Por isso, acredito que, se uma pessoa cresce em espiritualidade, o mundo inteiro cresce. Se uma pessoa perde, o mundo perde na mesma medida."

Trabalhar o coração, encontrar tempo para escutar, valorizar o que temos, amar – tudo isso faz parte da nossa contribuição para o mundo. É a coragem interior que nos desperta para a maior capacidade da vida humana, a única verdadeira liberdade: amar, apesar de tudo. Viktor Frankl, psiquiatra famoso que viveu durante o holocausto, contou:

"Quem viveu em campo de concentração lembra de algumas pessoas que iam de alojamento em alojamento levando conforto, às vezes doando seu último pedaço de pão. Eram poucas, mas conseguiam provar que se pode tirar tudo de um ser humano, menos a última das liberdades – a de decidir que atitude tomar em cada circunstância."

O coração tem um enorme poder de transformação. Para alguns, a jornada até a generosidade do coração pode ser longa e árdua, mas mesmo os que sofreram abusos e maus-tratos na infância são capazes de superar os traumas sofridos e se tornarem belos seres humanos. Em meu trabalho, volta e meia encontro casos assim. Esses adultos traumatizados sempre se lembram de alguém – professor, avô, amigo – que lhes dava atenção, cuidava deles, amava-os, mesmo em meio a tanto sofrimento. Foi sobre essa base de amor que construíram sua cura.

A força do coração está na capacidade de apoiar e incentivar toda a beleza que existe na vida humana. Exige de nós uma dose maciça de solidariedade e de perdão. Em vez de julgar, debruçar-se com ternura e compaixão sobre a dor alheia e procurar entender para perdoar. Quando falo em perdão, não quero dizer que devemos aceitar o que causa dor em quem quer que seja. Perdoar é simplesmente decidir não expulsar ninguém do nosso coração. É querer desapegar-se da mágoa e recomeçar sobre uma base de amor. Conta-se a história de dois combatentes que foram aprisionados e, anos depois de terminada a guerra, se reencontraram. Um perguntou ao outro: "Você perdoou os seus agressores?" O segundo respondeu: "Não, nunca!" O primeiro, então, disse: "Ah, quer dizer que eles continuam aprisionando-o?"

Então, o trabalho do coração consiste simplesmente em compaixão – por nós e pelos outros. Isso é tão natural para nós quanto respirar. É o que somos essencialmente. Veja o que disse Thomas Merton:

"Foi como se eu enxergasse de repente a beleza secreta de seus corações, o âmago de seus corações, onde nem o pecado nem as experiências conseguem atingir a essência de sua realidade, a pessoa tal como Deus a vê. Se pudéssemos nos ver como realmente somos não haveria mais necessidade de ódio nem guerras, crueldade ou cobiça. Tudo o que teríamos que fazer seria nos rendermos e venerarmos uns aos outros."

Este é o trabalho do coração. Vem do desejo de ouvir, de parar para sentir o ritmo da nossa respiração, as batidas do coração, para observar o movimento das nuvens, a mudança das estações. Pergunte ao seu coração: "Se eu puder ter uma vida um pouco mais longa, como quero viver, o que é mais importante, a que dou mais valor?" Se nos habituarmos a ouvir o coração, a agir e falar com o coração, acabaremos descobrindo que o amor transforma o nosso universo. E é contagioso. O poder dessa generosidade amorosa, dos que colocam o coração em suas ações, faz as armas e a tecnologia parecerem brincadeira de criança. Pois é a força do coração que cria a vida que circula em nós. Nunca é tarde demais para atingir essa fonte. Procure intensamente encontrar tempo para ouvir, para que a fonte do amor inunde a sua vida.

Ouvindo por Amor

♥ ♥ ♥ ♥

James e Salle Merrill Redfield

*"Quando direcionamos nossa intenção para o amor,
quando confiamos que nossa parte mística,
oculta pelos sentimentos negativos, só espera por uma
oportunidade para vir à tona, o desapego torna-se muito
mais fácil. É quase como abrir o próprio caminho
para poder voltar a esse estado místico de amor,
que é o nosso mais natural estado de ser."*

Trazer amor para a vida é o caminho para torná-la plena. O amor é a força, a energia que estimula a criatividade e estabelece a paz dentro de nós. Quem se dedica a se encher de amor se compromete com o processo histórico, com a evolução da humanidade.

A história da civilização está cheia de momentos marcantes de amor, compreensão, comunhão – e, por isso mesmo, de paz. Isso acontece sempre que alguém conscientemente traz mais amor para sua vida diária, não apenas em pensamento ou como tema de conversa, mas fazendo do amor um estado de espírito permanente. Quanto mais se age amorosamente, mais amor se injeta no mundo. Acreditamos que amar seja a finalidade mesma da existência humana.

As oportunidades de curar o mundo aumentam a cada dia. A tecnologia nos coloca cada vez mais próximos. Fica difícil negar a dor que nos rodeia por toda parte e o sofrimento dos povos destroçados pela guerra atinge todos nós. Nossas ações individuais são extremamente importantes, porque fazemos parte de uma grande comunidade, de uma teia global. Nossos atos geram uma energia que a todos contagia. Mesmo os pequenos gestos ou pensamentos de amor são importantes para criar a base sobre a qual as novas gerações vão construir seu futuro.

Podemos trazer amor para nossa vida pessoal de dois modos: ou buscando ativamente ou abrindo o caminho para que ele chegue. Este é um processo diário. Todas as manhãs, desde o momento em que acordamos, expressamos o que sentimos. Se começamos a bater portas e a reclamar de tudo, é sinal de frustração ou irritação que precisam ser esclarecidas. Se somos honestos para reconhecer nossos verdadeiros sentimentos, somos capazes de nos desapegar deles e desobstruir o caminho para que o amor retome seu lugar.

Mas como desapegar-se e abrir o caminho? Inicialmente, reconhecendo nossos sentimentos, aceitando-os e procurando compreendê-los, por piores que os consideremos, sem qualquer julgamento. É somente através da plena consciência que podemos trabalhar e superar esses sentimentos. Reconhecer os sentimentos chamados negativos – ao invés de negá-los – ajuda a dissolvê-los, deixando o caminho livre para a volta do amor. Não podemos nos identificar com o que há em nós de negativo. Os sentimentos positivos e negativos convivem dentro de nós, mas os negativos não fazem parte do nosso "verdadeiro eu". Este sempre está em busca de um estado a que os místicos se referem, repleto de amor universal, paz e alegria.

A chave para esse estado de espírito é aceitar profundamente o que estiver acontecendo e desapegar-se. Aceitar não quer dizer acomodar-se, abrindo mão de esforços para mudar ou melhorar a vida. A vida é um eterno fluxo e todos precisamos participar desse movimento que nos conduz para a frente. Mas o ponto de partida é sempre o reconhecimento e a aceitação do momento presente.

Quase toda a frustração, a raiva e o desamor resultam do desejo de que a vida seja diferente. É preciso reconhecer e aceitar esses sentimentos e, então, desapegar-se deles. Parece simples, mas não é fácil! Quando direcionamos nossa intenção para o amor, quando confiamos que nossa parte mística, oculta pelos sentimentos negativos, só espera por uma oportunidade para vir à tona, o desapego torna-se muito mais fácil. É quase como abrir o próprio caminho para poder voltar a esse estado místico de amor, que é o nosso mais natural estado de ser. A vida é um processo contínuo de reconhecimento e aceitação do que interfere com nossos sentimentos de afeto, liberando o que é negativo, para que o amor volte a ocupar seu lugar. É uma experiência a ser vivida dia a dia, momento a momento. Ao confiar nesse processo, nós nos abrimos para um amor cada vez maior.

Podemos ajudar os outros e ser ajudados nesse processo. Escutar – mas escutar de verdade – é condição indispensável se queremos encher a vida e o mundo de amor. É preciso ouvir com atenção e dialogar com aqueles que nos cercam, acolhendo o que dizem. Quanto mais ouvimos, maiores o amor, o respeito e a compaixão que sentimos pelo outro. Às vezes, corremos tanto, que não paramos para pensar na história da outra pessoa – de onde vem, quanto sofreu, por que sente raiva, por que é carente de amor. Diminuir o ritmo e ouvir nos faz perceber a verdade do momento. E é a chave para entender a nós e aos outros.

Experimente este ótimo exercício: procure alguém a quem você possa ouvir e que esteja disposto a ouvi-lo. Peça que essa pessoa repita tudo o que você disser. O simples fato de escutar de volta suas próprias palavras faz com que você sinta que elas foram ouvidas e entendidas. E você vai querer retribuir, repetindo o que a outra pessoa disser.

Desenvolver a capacidade de ouvir é de grande ajuda quando se tem de lidar com a raiva dos outros. Se nos zangamos com alguém, mas conseguimos parar e procurar realmente entender o que se passa dentro dele – ou dela –, quase sempre concluímos: "É, eu também me sentiria assim se estivesse na mesma situação." E o entendimento faz brotar a compaixão: "Não é uma pessoa tão má quanto parece, é apenas um ser humano que sofre e precisa de amor." Esse estado de espírito amoroso e receptivo – em vez da censura e condenação – nos dá clareza para resolver o problema e encontrar uma solução. Em nossa vida a dois, essa estratégia nos mantém unidos. Às vezes é difícil, principalmente quando não estamos de acordo, mas é justamente aí que precisamos mais agir assim.

Do mesmo modo, o que se passa dentro de nós pode levar à interação. Quando conseguimos nos livrar dos sentimentos e pensamentos negativos em relação ao outro, cessam as acusações e o verdadeiro amor renasce dentro de nós, tornando-nos mais capazes de amar. Quando mudamos a nós mesmos, mudamos a situação. Se ficarmos esperando que o outro mude primeiro, vamos perder a oportunidade de crescer e expandir o amor. E certamente vamos ficar desapontados, pois somos capazes de operar mudanças em nossas próprias vidas, não na vida dos outros. Lembre-se: o amor vem de dentro de nós. Quanto mais amor temos dentro de nós, mais podemos distribuir. Por isso, a lição mais importante a aprender é que precisamos nos amar plenamente. Só assim somos capazes de fazer a nossa parte na tarefa de encher o mundo de amor.

Mesmo situações terríveis são oportunidades de aprender sobre nossas atitudes de desamor. Basta olhar o ódio que existe no mundo para perceber que todos temos preconceitos, raiva e desconfiança de que precisamos nos desapegar. À medida que nos desapegamos desses sentimentos, podemos mudar o planeta. Vamos substituir o ódio pelo amor. Vamos acordar para a onipresença do amor e visualizar sua expansão para todos os cantos do mundo.

Uma forma de encher a vida de amor é não tentar controlar o rumo que ela toma. É aí que acontece o que chamam de sincronicidade – alguém inesperado telefona, temos uma idéia brilhante, reencontramos alguém que não víamos há anos. Ao desistir do controle, a melhor parte de nós assume o comando e a vida segue seu curso. Os dias se tornam mais produtivos, agradáveis, criativos e cheios de acontecimentos maravilhosos e misteriosos.

Com a continuação do processo, acabamos descobrindo qual pode ser nossa principal contribuição. Ela será diferente para cada um. Uns podem organizar grupos de oração por uma causa específica, outros podem dedicar-se a crianças carentes, visitar velhos em asilos ou doentes em hospitais. Mas não é necessário que sejam grandes atos: ouvir com atenção e solidariedade, ter pequenos gestos de colaboração ou simplesmente sorrir para as pessoas são atos que transformam o mundo. Nenhuma contribuição é mais importante que outra. Estamos simplesmente expressando o que há de melhor e mais essencial em nós. E contribuindo da melhor maneira possível para a contínua evolução espiritual do mundo.

O amor que tanto queremos está disponível. Começa dentro de nós, mas se encontra em toda parte. "Procura e acharás", diz a Bíblia. Não aceite uma vida medíocre nem repita simplesmente os modelos das gerações anteriores. Nós somos capazes de transcender e romper com antigas formas de negativismo – basta redefinir a realidade e acreditar que é possível construir um novo modelo. Talvez isso exija algum esforço, mas se persistirmos em investir nesse sentido, o amor que procuramos começará a entrar em nossa vida. Tenha paciência, entregue-se, e o amor que você deseja acontecerá.

Os Apertos do Coração

♥ ♥ ♥ ♥

Victoria Moran

"Você não tem que ficar pensando por que e como acontece um ato de amor ou que situações podem levar ao amor. Quando a oportunidade aparece, você sabe. Você tem certeza."

Falar sobre como encher a vida de amor é um desafio, já que demonstrar amor não é uma atividade específica. É fácil, por exemplo, descrever a atividade de "lavar pratos": ficar em frente à pia e esfregar os pratos com sabão e enxaguar. Você decide lavar os pratos e tem consciência do que está fazendo.

Mas não existe uma atividade especial que possa ser rotulada como "demonstração de amor". Como, então, expressar o amor? É preciso encontrar maneiras, geralmente através das situações comuns. Ninguém planeja e anota na agenda: "dez e quinze: agir com amor". E, muitas vezes, nem reparamos que estamos sendo amorosos.

Se alguém perguntar a um pai ou a uma mãe se morreria por seu filho, a resposta certamente seria: "É claro que sim!" Mas suponha que, às oito da noite, depois de um exaustivo dia de trabalho, sua filha peça: "Você pode me ajudar no dever de casa?" ou "Vem me contar uma história!". Ao arrastar seu corpo cansado até à mesa de estudos ou à beira da cama, você está praticando um ato de amor.

Algumas vezes, muitas vezes, fazemos um sacrifício, como brincar com uma criança, quando a vontade era cair na cama. O que nos leva a isso é o amor por ela, o sentido de solidariedade ou qualquer coisa que nos toque o coração. E esses atos de amor, mesmo se feitos com dificuldade, ajudam a superar nossos problemas e nossa negatividade. É possível que, para respeitar nossos limites, tenhamos que nos recusar, mas até isso pode ser feito de maneira amorosa, mostrando o quanto gostaríamos e quanto nos custa ter que dizer não.

O amor me deu um belo incentivo há alguns anos, quando a mulher que ajudou a me criar estava no hospital, em coma. Era noite e um médico me ligou, dizendo: "Acho que uma cirurgia pode salvar a vida dela. Dá para você vir aqui agora?"

Eu não tinha a menor vontade de ir. Afinal, estava começando a me livrar de uma grave compulsão por comida e era muito importante obedecer aos horários. Eu me agarrava ao esquema de três refeições por dia para conseguir colocar um limite à minha gula. Aquelas três refeições pareciam ser minha tábua de salvação, mas eu estava sendo solicitada a ser a tábua de salvação de outro ser humano. Cheguei a perguntar ao médico se não podia deixar para depois, mas ele respondeu: "Tem que ser agora."

Mesmo preocupada com o horário da refeição seguinte, resolvi ir. No hospital, depois que assinei todos os papéis, o médico avisou: "A cirurgia vai levar de quatro a cinco horas. Por que você não vai até a cantina e come alguma coisa?" Eu fui, mas estava fechada. E com apenas dois meses de tratamento de uma compulsão alimentar que me destruía, lá estava eu, tendo que comprar comida em uma daquelas tentadoras máquinas de lanches rápidos. Pois consegui fazer a melhor escolha possível e deu tudo certo: atravessei os momentos de tensão sem ter uma recaída. Isso só foi possível graças ao meu amor por aquela mulher. Agindo por amor, fui capaz de vencer a tentação.

Assim como um ato de amor ajuda a superar os problemas do dia-a-dia, as ações podem criar amor. Um dia, eu estava esperando a minha vez de entrar para uma sessão de massagem e vi dois garotinhos adoráveis brincando no corredor. Eles tinham achado um filhote de passarinho. A atitude aparentemente mais prática seria tratar da minha própria vida e me dirigir para a sala de massagem, mas eu senti um aperto no coração. O pássaro precisava de cuidado e eu disse para o menino mais novo: "Você não acha melhor eu levar o passarinho a um veterinário, que vai cuidar dele?" Do alto dos seus cinco anos, ele arregalou os olhos e respondeu: "Acho. Mas será que depois ele devolve?"

Eu respondi: "É melhor deixar ele voar, para fazer um ninho e ter uma família." Com a ajuda do irmão mais velho, consegui convencer o garotinho. Mas o veterinário da cidade tinha viajado e por mais que procurasse não consegui atendimento.

O jeito foi levar o passarinho para o meu escritório e tratar dele da melhor maneira possível. É claro que isso me deu trabalho e criou vários transtornos, pois o filhote tinha que ser alimentado como um bebê. Eu não podia me ausentar de casa por mais de duas horas. Não podia nem ir ao cinema. Assumir aquela responsabilidade parecia não fazer muito sentido, mas eu me sentia ligada ao pássaro. Estava dividida entre a ansiedade em vê-lo voar e o afeto, pois todo o cuidado por ele criou em mim um grande amor. O passarinho passou apenas onze dias no meu mundo, quando então ficou pronto para voltar ao mundo dele.

Se alguém me perguntasse como se tornar uma pessoa mais amorosa, eu simplesmente diria que levasse em consideração os apertos de seu coração. Acho que todo mundo recebe esses "toques" e deve prestar atenção neles. Mesmo quando parecem não fazer sentido, vale a pena segui-los. Passei por uma situação dessas quando um dia, ao voltar das compras com minha filha, vi um homem arrastando uma mulher pela rua. Depois de um primeiro momento de perplexidade, percebi que ele estava batendo nela. O impulso do coração foi tão forte, que parei o carro e saltei, deixando minha filha trancada, e fui atrás dos dois, gritando: "Pára com isso!"

Sou uma mulher pequena, de quarenta e poucos anos. Não represento nenhuma ameaça. Mas o despropósito da situação – uma baixinha desafiando um gigante – deve ter causado impacto, porque ele parou, mudo. A mulher tinha o rosto vermelho e inchado. Continuei, falando um pouco mais baixo: "Você vai parar com isso." O homem ainda mexia os lábios, mas não conseguia dizer nada. E então, para minha surpresa, a mulher se aproximou dele e beijou-o no rosto. Era claramente um caso de "quanto mais ele me bate, mais eu gosto dele". Fui embora. Eu tinha feito a minha parte. O resto era com eles.

Só depois que voltei para o carro e retomei o caminho de casa, comecei a me preocupar com o que tinha feito. O que é que eu estava procurando? Que todos os bandidos da cidade soubessem o número da placa do meu carro? E se acontecesse alguma coisa à minha filha? Mais tarde, porém, pessoas que eu respeito me disseram que, se estivessem no lugar da mulher, gostariam de ver alguém sair em sua defesa.

A moral dessa história é: eu não sou uma heroína nem mereço uma medalha. É claro que a mulher nem queria a minha ajuda. Mas a lição que se tira daí é que não adianta racionalizar a respeito de um ato de amor. Quando a oportunidade aparece, você sabe. Você tem certeza. Seja devolvendo uma carteira encontrada na rua, cedendo o lugar para uma pessoa mais velha, sorrindo para a pessoa que está do outro lado do balcão, parando o que está fazendo para ouvir o desabafo de um amigo ou contando uma história para seu filho. O amor é como um sino que toca sem parar. Basta escutar. Quanto mais se escuta, mais os nossos olhos e ouvidos ficam sensíveis para as oportunidades de demonstrar amor.

Quando passei por uma crise de depressão, duas coisas me ajudaram a recuperar minha auto-estima: a consciência de ter cuidado de Dede, a mulher que ajudou a me criar, e de ter dado apoio a pessoas que, como eu, sofriam de compulsão por comida. Esses atos de amor foram valiosos para mim.

Hoje, eu diria que o amor é minha religião. Quero impregnar minha vida de amor. Talvez por isso o Tibete seja o meu lugar preferido. Os tibetanos inundam seu dia-a-dia de espiritualidade e devoção. Rezam enquanto andam pelas ruas, fazem compras, carregam os filhos nas costas... Religião, espiritualidade e a vida diária estão entrelaçadas. Para os tibetanos, é tudo uma coisa só. Não seria bom juntar vida e amor num só movimento? Fazer de tudo o que acontece uma oportunidade para exercer o amor?

Isso é possível. Vida e amor podem se integrar. Quando você ama, faz aflorar o amor do outro. Você pode não ver, mas o amor que distribui vai passando adiante e forma uma corrente capaz de transformar o mundo.

A Voz do Coração

♥ ♥ ♥ ♥

Deepak Chopra, M.D.

"A maneira de encher a vida de amor é muito simples: se você quer mais amor, dê mais amor."

O amor é a única realidade verdadeira. Por isso, é tão importante encher a vida de amor. Tudo o que fazemos na vida é buscando amor. O amor é Deus. É a experiência do sagrado. Tudo o que fazemos é por amor. Alguém já disse que "os ganhadores do prêmio Nobel queriam mesmo era encontrar o amor. O troféu é apenas um prêmio de consolação". Se realmente o amor é aquilo que conta, cabe a nós fazermos dele prioridade absoluta, reconhecendo sua importância não da boca para fora, mas tornando-o parte integrante da nossa existência.

O amor é uma experiência extraordinária porque todas as suas formas são expressões de Deus. Em geral, se pensa no amor como uma emoção ou um sentimento. Mas o amor é muito mais! Emoções e sentimentos profundos podem ser reconfortantes, é verdade. Mas o amor é a realidade definitiva. É a experiência da unidade de consciência – o observador e o observado experimentam a unidade, o que contempla e a paisagem contemplada experimentam a unidade, o amante e o ser amado experimentam a unidade. O amor é a constatação vivencial de que todos somos um só ser. Aparecemos sob disfarces, mas nossa essência é a mesma. É a consciência da nossa natureza que nos permite dar e receber amor livremente.

Quem partilha da certeza da unidade, do profundo entendimento de que somos um só não fere nem é ferido. Só experimenta amor, êxtase, alegria. Santo Agostinho disse: "Estou apaixonado pelo amor." Quanto mais se ama, intensa e incondicionalmente, mais se recebe amor. O retorno é diretamente proporcional na mesma medida. É muito fácil encher a vida de amor: se você quer mais amor, dê mais amor.

O universo funciona por uma dinâmica de troca – dar e receber são apenas aspectos diferentes do fluxo de energia do universo. Quando decidimos distribuir aquilo que estamos procurando – amor –, fazemos com que ele circule em nossas vidas e no mundo. O amor que damos aos outros é a garantia de que sempre o receberemos. Enquanto estivermos dando amor, não precisamos nos preocupar em obter o que desejamos. Ele virá. Virá assim que o oferecermos, porque receber é o mesmo que dar. Dar e receber são apenas diferentes aspectos do fluxo de energia no universo.

Existem modos específicos de participar do fluxo de energia: atendendo às três necessidades básicas do ser humano – aprovação, atenção e afeto. A satisfação dessas necessidades traz mais amor para a vida, dia a dia, minuto a minuto.

Aprovar é demonstrar em todas as oportunidades possíveis o quanto o outro é importante e precioso. Expresse a aprovação o mais freqüentemente possível. Eu me empenho em encontrar em cada ser humano um aspecto a ser destacado e elogiado. E acho que é natural manifestar o que vejo. Assim, atendo minha vontade de aprovar, e a da outra pessoa, de ser aprovada.

Atenção é a capacidade de ouvir por inteiro. É encontrar tempo para estar presente de verdade, sem desviar o pensamento. Eu sempre me esforço para fazer isso, seja ao falar com o garçom, responder perguntas durante uma palestra, conversar com um parente, colega de trabalho, amigo ou alguém do outro lado da linha telefônica. Quem fala comigo merece minha total atenção. Se eu dou o que o outro necessita, ficamos os dois satisfeitos.

Afeto é o movimento de chegar ao outro com amor, mostrando claramente o quanto ele – ou ela – é importante. Demonstrar afeto por gestos e atitudes amorosos é um meio maravilhoso de encher de amor sua vida. Um aperto de mão, um toque nas costas, um carinho, um abraço apertado são gestos que mantêm a energia do amor fluindo na vida de duas pessoas.

Não só o coração, mas todo o corpo envia e recebe mensagens de amor. Meu coração e meu corpo são fontes muito inteligentes e capazes de levar-me a fazer escolhas certas, guiadas mais pelo amor que pela razão. Eu aprendi a não deixar que a cabeça tome a frente do coração. No caso de uma decisão de negócios, por exemplo, se minha mente racional avisa "Não é uma boa idéia" e o coração diz "Vai", eu sigo a voz do coração. Acredito que as decisões mais acertadas – carmicamente corretas – sempre vêm do amor.

Quero lhe dar um conselho que considero importante. Cada vez que encontrar alguém, pergunte-se simplesmente: "O que eu posso oferecer a essa pessoa?" Não se preocupe com o que receberá de volta. Focalize apenas o que você pode fazer. Quando visito alguém, sempre levo uma flor ou um presente, mesmo que seja algo extremamente simples. Mas nem precisa ser uma coisa material, pois o ato de dar é muito poderoso e sempre há o que oferecer. Palavras gentis, um desejo silencioso de felicidade, pensamentos de amor ou uma prece – tudo tem o poder de transformar o outro.

Se você começar deliberada e conscientemente a encher a sua vida de amor, logo vai ver os milagres acontecerem à sua volta. Sua vida se tornará uma expressão de amor e você verá coisas que nunca julgou possível acontecerem dentro e fora de você. Se você se empenhar em distribuir amor, começará a receber tudo em troca.

Ao participar do fluxo de amor do universo, podemos mudar o mundo. Nós somos o mundo! O mundo exterior é apenas uma expressão do nosso mundo interior. O que acontece dentro de nós se reflete "do lado de fora". Os chamados criminosos, os desiludidos, os desajustados são apenas projeções do nosso eu sombrio coletivo. Ao encarar essa verdade, entendemos que sair para mudar o mundo não serve de nada se não mudarmos a nós mesmos. Qualquer mudança em nós traz uma transformação para o mundo.

Ante todos os problemas que presenciamos, temos algumas alternativas: ficarmos alienados, repetirmos "Oh, meu Deus, quanta tragédia está acontecendo no mundo!" ou manter nosso foco sobre o amor. Acredito cada vez mais que a transformação do mundo virá de um número maior de pessoas fazendo do amor prioridade absoluta. Estou vendo isso acontecer. Cada pequeno gesto nosso de amor influi nos acontecimentos em todo o planeta. Se muitos de nós aderirmos ao amor, o mundo um dia vai estar repleto dele. O amor no mundo começa no amor que está dentro de nós.

Amor Bastante para Todos

♥ ♥ ♥ ♥

Stephen R. Covey, Ph.D.

"Qualquer pessoa é capaz de transformar o mundo em que vivemos tornando-se um modelo, um exemplo, em seu pequeno círculo de influência. Veja como a pedra atirada no lago causa na superfície a formação de ondas circulares que vão se afastando do centro cada vez mais suaves. Assim é com os nossos atos, que influenciam toda a raça humana."

Considero o amor a suprema atividade da vida. Desenvolver o amor dentro de nós deve ser nossa prioridade absoluta. Para ter a capacidade de expressar ou manifestar amor, é preciso invocar a energia de Deus. Então, amor deixa de ser apenas uma palavra. Passa a ser verbo. É uma ação que se pratica, uma entrega.

Uma casal me procurou para falar sobre a fase difícil de seu casamento. O marido perguntou:

– O que você sugere que eu faça? Não existe mais amor no nosso relacionamento.

– Então, *ame* sua mulher – eu respondi.

– Mas, Stephen, não sentimos mais amor. Nem eu nem ela. Só estamos preocupados com as crianças.

– E de onde você tirou essa idéia de que o amor é um sentimento? Amor é verbo, algo que se pratica. Veja a mulher que acaba de ter um filho. O amor que sente não vem da criança, vem dela, de sua entrega. Amor – o sentimento – é o resultado, o fruto do ato de amar. O conceito de amor-sentimento vem dos filmes românticos. É egoísta e imaturo, quando deveria ser santo e divino.

Para o marido, era uma idéia absolutamente nova. Se amor é verbo, se perdão é verbo, se bondade é verbo, então é possível fazer alguma coisa. Se amor é sentimento, nós nos sentimos impotentes porque achamos que não temos controle sobre os sentimentos. Mas nossos sentimentos, em última análise, são funções de nossas ações. Se somos capazes de controlar os nossos atos, também somos capazes de controlar nossos sentimentos. Quando começamos a compreender isso ganhamos maturidade para amar – mesmo que não sejamos correspondidos.

A chave do amor incondicional está na descoberta da fonte inesgotável de onde ele jorra permanentemente. Para mim, o amor de Deus por seus filhos é "paternal" – rico, incondicional. O amor "fraternal" também é maravilhoso, mas depende das condições e pode alterar-se quando surgem problemas ou diferenças pessoais. É nesses momentos que precisamos apelar para o divino amor paternal.

Quando se ama a Deus em primeiro lugar, aumenta o amor pelo companheiro. Quando se ama a Deus em primeiro lugar, mais aumenta o amor pelos filhos. Devemos sempre amar primeiro a Deus. Só assim vamos ser capazes de dedicar aos outros um amor paternal, rico e absoluto. Às vezes, pode até ser preciso agir com firmeza, mas é isso o que os pais fazem com os filhos. Quando se ama a Deus, transcende-se o pessoal e alimenta-se o coração e a alma de quem dá e de quem recebe.

Descobrir essa fonte ilimitada de amor exige esforço espiritual. Quando a encontramos, nos sentimos plenamente alimentados. Mas se nos afastamos dessa fonte por alguns dias ou mesmo por algumas horas – quando aumentam as pressões da vida –, a capacidade de amar incondicionalmente desaparece.

Eu acredito que, assim como é preciso ter um relacionamento individual com Deus, devemos ter um relacionamento individual com as pessoas importantes em nossa vida e ensiná-las a ter uma relação semelhante com as pessoas importantes em suas vidas, para que o fluxo do amor se espalhe e inunde o mundo. É necessário ter encontros regulares e íntimos com cada pessoa-chave da nossa vida. Por isso, procuro conversar com meus filhos casados pelo menos uma vez por mês, com os solteiros uma vez por semana e diariamente com minha mulher e as crianças menores.

Acredito que o verdadeiro teste para uma família é a forma como os pais tratam o filho que dá mais trabalho. Se conseguem demonstrar amor incondicional por esse, os outros saberão que são amados da mesma forma. Mas se não conseguem demonstrar amor incondicional pelo filho que os agride, que até os rejeita, os outros duvidarão do amor dos pais, pensando: “Se eu fizer alguma coisa errada, também vou perder o afeto deles.”

Lembro bem de uma vez em que comecei a criticar alguém duramente e meu filho pequeno, surpreso, perguntou: "Pai, você gosta de mim?" Na verdade, o que ele queria saber era: "Se eu fizer alguma coisa errada, corro o risco de você não gostar mais de mim, como não gosta mais dessa pessoa?" Enquanto lhe assegurava meu amor incondicional, reconheci que precisava ficar mais atento e trabalhar melhor minha cabeça e meu coração.

Uma fonte poderosa da capacidade de amar é a prestação anônima de um serviço. Se aquele que receber o serviço souber quem o prestou, não procure qualquer reconhecimento. Procure desapegar-se profundamente de seu gesto de doação. E se ele tornar-se conhecido, transfira todo o crédito e glória para Deus, que lhe concedeu o dom e os recursos necessários para fazê-lo.

Ao agir incondicionalmente, você aprende a não tomar para si elogios ou críticas e vai conseguindo ficar impermeável às opiniões alheias, mantendo o senso de valorização pessoal e a segurança. Seu comportamento deve ser fruto da sua integridade e de princípios e valores profundamente enraizados e centrados em Deus.

No local de trabalho, o amor é o cimento que faz com que as relações fluam suavemente, manifestando-se de muitas maneiras: empatia, atenção, cortesia, generosidade, respeito à palavra dada, franqueza e honestidade no trato dos problemas. Sem amor, o trabalho é uma engrenagem precisando de óleo. Se tiver críticas a fazer, vá diretamente à pessoa envolvida e tenha uma conversa em que o sujeito seja "eu" e não "você". Se tiver alguma preocupação ou divergência, diga "me parece que" ou "estou sentindo", que é uma forma respeitosa de opinar. É importante dar sempre uma resposta, um retorno – a clientes, fornecedores ou colegas de trabalho.

Alguns podem achar a palavra "amor" melosa demais para o mundo dos negócios. Nesse caso, "cuidado" serve. Sinceridade, entrega, ajuda, respeito, dignidade, justiça e paciência são manifestações de amor e cuidado. Não importa a palavra usada, porque o que importa é construir um bom relacionamento em qualquer setor de trabalho. O amor tem que estar sempre presente.

É o amor que faz o mundo girar – quanto a isso não há dúvida. O desamor coloca as pessoas na defensiva, para não sofrerem ou serem agredidas. A maioria não sabe como fazer jorrar a oferta incondicional de amor. Ao enxergar apenas o amor condicional, que tanto pode ser dado quanto retirado, torna-se descrente e se defende de várias maneiras. Mas os que exercem o amor tal como São Paulo o descreve em sua Epístola não precisam se defender e alcançam a plenitude de seu ser na doação.

Também somos capazes de transformar o mundo através da oração. Quando rezamos por alguém, a energia divina toca essa pessoa, protegendo-a ou dando-lhe uma sensação de paz e conforto. Acredito profundamente que os atos mais generosos que podemos praticar por uma pessoa são amar e rezar, mesmo que ela não saiba disso.

Qualquer pessoa é capaz de transformar o mundo em que vivemos, tornando-se um modelo, um exemplo, em seu pequeno círculo de influência. Veja como a pedra atirada no lago causa na superfície a formação de ondas circulares que vão se afastando do centro cada vez mais suaves. Assim é com os nossos atos, que influenciam toda a raça humana. O poeta Robert Browning escreveu: "A morte de um ser humano me entristece, não importa onde aconteça." Todos somos parte uns dos outros. Estamos entrelaçados em uma espécie de arquitetura divina e inviolável que une todos nós.

Dar e Receber Amor

♥ ♥ ♥ ♥

Rabbi Harold Kushner, Ph.D.

"Nenhum de nós tem o poder de fazer com que outra pessoa nos ame. Mas todos temos o poder de dar amor, de amar os outros. Fazendo isso, somos capazes de nos transformar e de transformar o mundo em que vivemos."

Estive na cidade de Oklahoma poucas semanas depois do brutal atentado a bomba que fez tantas vítimas. Visitei várias pessoas que tinham perdido parentes e a todas perguntei: "De tudo que lhe aconteceu nas últimas dez semanas, o que mais ajudou a suportar uma dor tão terrível?" A resposta foi sempre a mesma: "As demonstrações de apoio e solidariedade de amigos e estranhos, a certeza de que se preocupam conosco e entendem nossa dor e nossa tristeza." Em resumo: a compreensão dos outros tornou o fardo mais leve.

Minha mulher e eu tivemos a mesma experiência em nossa vida pessoal. Perdemos um filho ainda bem pequeno. Quando soubemos da gravidade da doença, primeiro tivemos de entender que aquilo não era uma ação pessoal de Deus contra nós, não era um castigo. Deus estava sofrendo conosco. Saber que Deus estava do nosso lado fez fluir o amor e nos ajudou a enfrentar o problema. As pessoas que se aproximaram de nós passaram a mesma mensagem: elas se ofereciam para ajudar, dizendo que gostariam de poder fazer mais. Foi isso que nos sustentou.

Todos nós precisamos de compreensão e apoio. Freqüentemente sou procurado por membros da minha congregação em busca de conselhos. Hoje sei que, na verdade, o que todos procuram é compreensão – muitas vezes, ainda que inconscientemente, já sabem as respostas a suas perguntas. Ofereço-lhes minha atenção, demonstro que me interesso por eles e que levo seus problemas a sério. Esta é a melhor terapia para seu sofrimento.

Percebo como este simples desejo de ser amado através da acolhida e da compreensão é freqüente nos casais. A mulher começa a contar seus problemas ao marido. Mal ela começa a falar, ele interrompe para dar um conselho. É que o homem foi preparado para resolver problemas e se sente na obrigação de fazer isso, sem perceber que tudo o que a mulher deseja são quinze minutos de atenção exclusiva. Quer ter certeza de que seus problemas são tão importantes para ele quanto para ela. Se ele a ouvisse atento e quieto por apenas quinze minutos, ela teria essa certeza.

Por que não fazer isso pelo outro, dar amor e compreensão? A todo momento encontro pessoas que não têm uma vida tão plena quanto poderiam simplesmente porque estão envolvidas demais consigo mesmas. Acho que nossa sociedade dá importância excessiva à procura do amor. Em nossa cultura, as pessoas se preocupam muito mais em serem amadas do que em serem amorosas. E é muito mais fácil dar amor. É uma capacidade que se pode controlar. Não podemos obrigar ninguém a nos amar, mas podemos espalhar amor, podemos amar os outros. E, assim, mudando a nós mesmos, mudamos o mundo.

Procuro agir assim em meu casamento. Hoje sei que a essência do amor entre marido e mulher não é o romance, mas a aceitação mútua que leva ao entendimento e ao perdão. Afinal, cada um tem suas próprias características e todos temos os nossos defeitos que talvez sejam irritantes, mas que podem ser superados pelo amor. Quando estou de mau humor, espero que minha mulher entenda que é uma coisa passageira e não uma qualidade que faz parte de mim. Quando há entendimento e amor é mais fácil um colaborar com o outro, ajudando-o a tomar consciência de suas atitudes ou de seus gestos, para mudar, do que quando há acusações e ataques.

Há alguns anos, li uma ótima história em um jornal. Duas mulheres observam duas crianças brincando no parque. As crianças começam a brigar e uma delas diz:

– Eu te odeio. Nunca mais eu brinco com você.

Por dois ou três minutos, no máximo, brincam separadas. Logo estão juntas de novo. Uma das mulheres comenta:

– Como é que as crianças conseguem se reconciliar tão depressa?

A outra responde:

– É fácil. Elas abrem mão da justiça em favor da felicidade.

Este é o conselho que eu dou aos casais: colocar a felicidade acima das opiniões. Mesmo que tenha certeza do seu ponto de vista, não bata pé. Diga simplesmente o que acha e ouça o que o outro tem a dizer. Não se trata de vencer, como em uma queda de braço, mas de buscar em conjunto construir a felicidade no casamento. Em um casamento feliz não há vencedores nem vencidos, apenas duas pessoas que concordaram em conviver – mesmo sabendo que a vida em comum tem desafios difíceis – para crescerem e serem felizes.

O que se recebe em troca certamente compensa. Existe um tipo de satisfação que só acontece no casamento. Quando se encontra uma pessoa não apenas para dormir junto e dividir tarefas e despesas, mas para compartilhar intimamente alegrias e tristezas, se alcança o sentido de unidade. O "eu" se amplia. A vida alcança uma plenitude que nenhuma outra experiência humana pode dar.

A consciência de que existe alguma coisa maior e mais importante do que nós, seja a espiritualidade ou um filho, também cria uma atmosfera de felicidade e amor. Eu acredito que todos precisamos de uma força que nos afaste do narcisismo e do egoísmo. Um filho pode fazer isso. Tenho comprovado o quanto uma criança transforma as pessoas. Ninguém fica indiferente ao fato de ser responsável por uma outra vida. A religiosidade tem o mesmo efeito – abre o coração, desperta o sentimento de compromisso com uma causa maior do que o próprio bem-estar e satisfação. Na minha opinião, o ser humano não foi criado para ser narcisista e egoísta. Quem age assim está negando a própria natureza.

O ser humano é naturalmente amoroso. Às vezes é feliz, às

vezes não. Quem afirma ser sempre feliz, além de não estar sendo verdadeiro, me dá a impressão de não ter consciência do que se passa em volta. Qualquer ser humano tem suas oscilações e se deixa afetar pelos outros, tanto os mais próximos quanto os que sofrem pelo mundo afora. Não podemos ser sempre felizes, mas podemos viver em permanente estado de amor, de cuidado. E, de vez em quando, um período feliz ou mesmo pequenos momentos de alegria vão fazer valer a pena tudo o que aconteceu antes.

Isso contraria as mensagens que nos chegam a todo momento afirmando que felicidade é um carro possante, uma casa em bairro nobre, um tênis novo... Acreditar nisso só aumenta a insatisfação e a insegurança. A intenção da propaganda é nos deixar ansiosos para comprar o que ela nos vende, na busca pela satisfação. E a insegurança que vem daí nos faz duvidar da nossa capacidade de despertar amor, nos faz achar que quem nos conhecer de verdade não vai gostar de nós e nos impede de aceitar os outros.

Li em algum lugar que "A felicidade é sempre um subproduto. Não adianta perseguir a felicidade. Só se é feliz praticando a bondade". As pessoas mais felizes que conheço nem têm consciência disso. Só pensam em ser bons vizinhos, solidários, prestativos. E, enquanto estão ocupados fazendo o bem, a felicidade entra de mansinho pela porta dos fundos.

Com os relacionamentos é bem parecido. Sempre me preocupo quando vejo um dos parceiros – ou os dois – a toda hora verificando a temperatura da relação ou medindo o nível de felicidade. Na minha opinião, essa avaliação constante leva a questões como "Será que eu não estaria mais feliz com outra pessoa?". Em vez de se perguntarem "Eu estou feliz?", acho que deveriam perguntar "O que posso fazer para melhorar o relacionamento? Que contribuição posso dar?". Um dia irão descobrir que, em nome de expectativas irreais, deixaram de usufruir de uma felicidade ao seu alcance.

Construir um relacionamento de troca de amor é um processo recíproco. Em primeiro lugar, temos que desenvolver o amor por nós mesmos, perceber que somos capazes de amar e doar. Quem não consegue se entregar emocionalmente está agindo com avareza, com medo de que lhe faça falta o pouco que dá. Amar a si mesmo não é narcisismo ou vaidade excessiva. É simplesmente aceitar as próprias imperfeições e limites, sabendo que ninguém é perfeito. Ter amor-próprio é saber que um erro não é uma nódoa que estraga a imagem e a auto-estima para sempre. Isso é se amar. As pessoas que têm como principal objetivo na vida conseguir amor me preocupam, porque acho que podem acabar mais como cobradoras do que como distribuidoras.

Quando se persegue um objetivo, é importante ter um código de ética. Pessoas desonestas, dissimuladas, egoístas estão agindo contra a essência de sua natureza e violando sua capacidade de dar e receber amor e serem felizes. O adultério, por exemplo, corrói o relacionamento porque carrega um elemento de desonestidade.

São muitos os motivos pelos quais as pessoas tomam atitudes que só causam sofrimento a si e aos outros, mas fico perplexo quando assisto a isso. Umas bebem ou comem demais, outras maltratam a família... Por que essa autodestruição? Provavelmente porque não se acham capazes de despertar amor.

Então, roubam o amor que julgam merecer, como fazem os ladrões em busca de dinheiro. Quem tem medo de não receber amor suficiente às ve-zes usa meios antiéticos. Uma mulher procurando amor fora de seu casamento, por exemplo, pode fingir ser uma pessoa que não é – máscara no rosto, ela esconde sua individualidade, suas carências e desejos. Assim, procura ser amada por quem não gostaria dela se soubesse como é realmente.

Considero que quem age assim não se dá conta da incoerência de suas atitudes. Como pode ser genuíno um amor que não foi conquistado honestamente? Que só aconteceu porque um dos envolvidos – ou os dois – escondeu sua verdadeira natureza? É uma busca que não leva a nada e que só aprofunda a insatisfação.

Acho que amamos quem nos aceita como somos, fazendo com que nos tornemos melhores. Amamos quem reflete uma imagem nossa que nos agrada. Amamos quem é capaz de despertar nossas energias emocionais e criativas até então adormecidas. Amamos quem ajuda a nos transformarmos em pessoas amorosas.

Algumas religiões – assim como algumas pessoas – passam mensagens que despertam nossa capacidade de amar. Se a mensagem religiosa é "Deus te ama apesar das tuas fraquezas", o coração se abre para dar e receber amor. Mas se a mensagem é "Você pecou, falhou, e Deus está desapontado", o coração se fecha e nos tornamos verdadeiros avarentos emocionais, incapazes de distribuir amor. Uma mensagem como "Deus te conhece muito bem e te ama tal como você é" nos deixa livres para amar e perdoar as nossas falhas e as dos outros.

Eu entendo que preciso de amor tanto quanto de alimento, sono e exercício. Acredito que minha alma morreria à míngua se eu não desse e recebesse amor. Uma das maneiras que encontrei de encher de amor o coração é a série de orações judaicas que agradecem por tudo que nos rodeia e que, às vezes, nem notamos. Procuro, assim que acordo pela manhã, agradecer a Deus por mais um dia de vida, pelo corpo saudável, pelos braços, pernas, olhos e cérebro em perfeitas condições, pela roupa que visto, pelo alimento, pelo que me aguarda naquele dia, pelo futuro. Com o coração cheio de gratidão, você pode perceber todos os privilégios que o cercam, coisas e pessoas. Abrindo-se dessa for-ma é muito mais fácil amar a si e aos outros.

Em Estado de Amor

♥ ♥ ♥ ♥

Ram Dass

"Lembre-se que, querendo ou não, todos nós modificamos o mundo a cada momento. Nossas atitudes, nosso estado de espírito têm enorme influência, porque estamos profundamente ligados uns aos outros. Trabalhar a consciência é uma tarefa contínua e a mais importante de todas. O estado de amor é o supremo ato criador."

O aspecto mais importante do amor não é dar nem receber, mas viver em estado de amor. Quando preciso dar ou receber amor, fico em uma situação instável. Estar em estado de amor – ao contrário de dar ou receber – traz estabilidade. Faz ver o Ser Amado em toda parte.

Não estou interessado em me tornar um "amante". Só quero o estado de amor. Em nossa cultura, amor é relação: "Eu amo você" e "Você me ama". Assim, o ego cresce, mas a alma não. À alma só interessa o *estado* de amor. É uma alegria conseguir transformar alguém de quem a princípio não se gostava em um Ser Amado. Para praticar, uma das estratégias que emprego é colocar sobre minha *puja,* meu altar, uma fotografia de um político de quem discordo frontalmente. Toda manhã, ao acordar, digo bom dia a Buda, ao meu guru e a outros santos que estão lá. Mas é com um espírito diferente que digo "Olá, Sr. Político". Sei que parece estranho, mas é um modo de me lembrar o quanto tenho que trabalhar para chegar a ver o Ser Amado em todas as pessoas. Madre Teresa diz que isso é "enxergar Cristo por trás dos disfarces mais penosos". Quando entendi que Madre Teresa tinha um verdadeiro caso de amor com cada um dos pobres e enfermos que recolhia nas ruas da Índia, pensei comigo: "É assim que se entra em estado de amor." Ver e conviver com o Ser Amado em toda parte – para isso venho treinando há vinte e cinco anos.

Um dos aspectos interessantes dessa prática é que o Ser Amado nem precisa saber. Só tenho que me concentrar bem. E é incrível como o Ser Amado, mesmo sem tomar conhecimento do que está acontecendo, responde com afeto. (É claro que estou partindo do princípio de que os sentimentos são genuínos, sem nenhuma intenção de enganar ou prejudicar. A idéia é simplesmente respirar e viver entre seres amados.)

Este trabalho para ver no próximo – como aquele político – o Ser Amado serve para me lembrar que "Está aí uma outra alma, semelhante à minha, que vive uma encarnação complicada, assim como eu. Não quero trocar de lugar com ela. Só quero estar em paz com a minha alma, não com o meu ego, e dar a todo mundo a oportunidade de fazer o mesmo".

Se eu conseguir enxergar a alma encarnada no corpo daquela pessoa de quem não gosto, crio em minha consciência um ambiente amistoso a que ela pode recorrer a qualquer momento em que precisar de ajuda. Ela pode fazer isso porque não estou tentando aprisioná-la naquilo que ela se tornou nesta encarnação. Discordar politicamente da pessoa, sem no entanto perder a consciência de que se trata de outra alma, é uma libertação. Exatamente o que Krishna queria dizer ao afirmar: "Não vou guerrear porque os que estão do outro lado são meus primos." Podemos discordar nesta encarnação, mas todos somos almas.

Muitas vezes tenho contado uma história que confirma essa idéia. Há alguns anos, lancei uma série de discos chamada *Love, Serve, Remember* (Amar, Servir, Lembrar). Os discos com música e trechos do Evangelho segundo João vinham dentro de um lindo álbum, acompanhados de um livreto com textos e ilustrações. Tudo isso era entregue na casa do comprador por quatro dólares e cinqüenta centavos.

Mostrei o álbum ao meu pai, um conhecido advogado de Boston, republicano conservador, capitalista, e que na época era presidente de uma estrada de ferro. Ele examinou o álbum e disse:

– Belo trabalho! Mas só quatro dólares e meio? Você podia vender por dez ou até quinze!

– Eu sei – respondi.

– Se fosse mais caro venderia menos?

– Acho que não. As pessoas comprariam do mesmo jeito, provavelmente.

– Não estou entendendo – ele insistiu. – Podia vender por dez e vende por quatro e meio? Você é contra o capitalismo ou o quê?

Procurei um meio de explicar a diferença entre nossos pontos de vista.

– Pai, o senhor não cuidou de uma causa do tio Henry?

– Cuidei, sim. E foi uma causa danada de difícil. Tive que pesquisar um bocado nos livros de Direito.

– E ganhou a causa?

– Ganhei – ele respondeu.

Meu pai era um advogado famoso e seus preços eram proporcionais à sua reputação. Continuei, então:

– Aposto como o senhor cobrou os olhos da cara!

– O que é isso? Você está louco? Como é que eu ia cobrar do tio Henry? – Ele estava indignado.

– Pois é esse o meu problema. Aponte-me alguém que não seja o tio Henry, que eu arranco todo o dinheiro dele!

O que eu estava tentando mostrar é que, quando se vê o Ser Amado em toda parte, todo mundo é da família e o amor se multiplica. Quando me permito enxergar a beleza do outro, observar a beleza inerente de uma alma se manifestando, sinto amor em sua presença. Não importa a situação. Pode ser uma conversa casual no supermercado sobre a melhor ração para gatos ou um simples cruzar de olhares durante um passeio. Em estado de amor, criamos um ambiente em que os outros podem estar com mais afeto e tranqüilidade do que costumam. Aliás, não só podem ser mais amorosos como se sentem estimulados a agir assim.

Em 1969, fui a Nova York fazer uma série de palestras. Toda noite, pegava o ônibus na Terceira Avenida na mesma hora e com o mesmo motorista. Era horário do *rush* em uma das cidades mais populosas do mundo, mas cada passageiro que entrava recebia dele um sorriso ou uma palavra de simpatia. Ele dirigia como quem rema, aproveitando a corrente natural do rio. Acompanhava o tráfego, sem forçar. Era pouco provável que algum de nós, ao chegar ao destino, tivesse uma atitude hostil ou "soltasse os cachorros" por qualquer motivo, resultado do ambiente de amor criado pelo motorista. No entanto, só o que ele fazia era dirigir o ônibus. Nem terapeuta, nem mestre espiritual – apenas um motorista em estado de amor.

Lembre-se que, querendo ou não, todos nós modificamos o mundo a cada momento. Nossas atitudes, nosso estado de espírito têm enorme influência, porque estamos profundamente ligados uns aos outros. Trabalhar a consciência é uma tarefa contínua e a mais importante de todas. O estado de amor é o supremo ato criador.

Amar Primeiro

♥ ♥ ♥ ♥

John Robbins

"Espalhe seu amor à vontade e sem esperar retorno.
Ame, e logo a sua vida vai se encher de amor.
E, por sua causa, outros vão tomar também o
caminho do amor e da paz."

Conversei com várias pessoas que estavam à beira da morte sobre suas lembranças da vida que chegava ao fim. Ouvi pessoas afirmarem que gostariam de ter passado mais tempo junto dos filhos, da família, dos entes queridos, mas nunca soube de uma só que dissesse "lamento não ter ficado mais tempo no trabalho". A proximidade da morte confere uma sensatez e uma serenidade que normalmente não temos. O maior arrependimento da maioria era não ter expressado todo o amor que sentia. A mensagem que fica para nós é bem clara: o amor é, sem dúvida, o aspecto mais importante da vida.

A medida para avaliar nossas vidas e o grau de influência que exercemos sobre o mundo e sobre os outros seres humanos passa pelo amor e abertura de nosso coração. Se vejo alguém sofrendo e abro espaço em meu coração para abrigar essa dor, posso tornar-me um fator de cura na vida dessa pessoa. É este o critério que uso para avaliar a mim e as minhas atitudes. Boa parte do meu trabalho envolve ações sociais. Em muitas ocasiões preciso lidar com representantes de associações de pecuaristas e caçadores que desenvolvem atividades que considero potencialmente destrutivas. Para mim, um dos maiores desafios do meu trabalho – uma verdadeira prova – é manter o equilíbrio e um "ambiente de amor" frente a essas pessoas, apesar das nossas enormes diferenças de opinião e de objetivos. Não veja nisso uma posição arrogante de quem se considera melhor que os outros e assume falsas atitudes de tolerância. Estou falando de aceitação, respeito e amor verdadeiros. Se não procurarmos manter o coração aberto, mesmo para aqueles que têm atitudes com as quais não concordamos, vamos aumentar e perpetuar o problema que tentamos resolver: a falta de amor.

A importância de basear no amor cada um dos meus atos ficou clara para mim há alguns anos, quando participei de uma marcha pela paz em São Francisco. A situação ficou tensa quando a polícia chegou e começou a atirar bombas de gás lacrimogêneo em direção à multidão. Um homem que caminhava ao meu lado atingiu a cabeça de um policial com um cartaz que carregava – um cartaz onde estava escrita a palavra PAZ! Naquele momento eu me dei conta da contradição que pode haver entre os nossos desejos e nossas atitudes.

A questão central é: como conservar o amor em meio ao caos, à confusão e à loucura? Como empenhar-nos pela paz, se sentimos tanto ódio pelos "inimigos"? Talvez a solução esteja, em parte, em reconhecer a importância fundamental do amor e em aceitar um fato essencial: o amor começa dentro de nós. Eu posso não concordar com as atitudes de alguém. Posso me opor e até arriscar a vida para impedir essas atitudes. Mas vou fazer o máximo para não deixar que a oposição a um comportamento interfira no meu relacionamento com essa pessoa.

Procuro nunca esquecer que dentro de todos nós existe dor, sofrimento e insegurança. Não tenho a menor dúvida de que se eu deixar de lado as opiniões preconcebidas e procurar conhecer a história da vida do outro, vou compreender melhor suas atitudes e opções. Se eu souber como foi sua infância, as dificuldades que certamente enfrentou, as pressões que influenciaram seus comportamentos e mexeram em sua estrutura psíquica, é muito provável que sinta amor e compaixão em vez de criticar e rejeitar.

Quando alguém acha que não merece receber amor, fica ainda mais difícil agir com benevolência nos relacionamentos. Novelas, canções que falam de amores mal resolvidos e outras formas de cultura popular que a mídia despeja sobre nós acabaram ensinando muitos a chorar e lamentar – "ninguém me ama". É verdade que não ser amado é terrível, mas valeria a pena pensar no que dá origem a isso. Será que não somos nós que nos fechamos, que rejeitamos por medo de sermos rejeitados, que atacamos e criticamos por insegurança? Pense a respeito. Existe uma atitude que todos nós podemos tomar para eliminar a solidão e começar a encher a nossa vida de amor: vamos distribuir amor. Vamos olhar com benevolência e simpatia para os outros, vamos procurar sorrir mais, dizer palavras amáveis, ter pequenos gestos de aproximação.

Vamos ouvir com empatia e interesse. Vamos distribuir amor.

Quando jovem, nunca me senti integrado à minha família. Eu me sentia à parte. Não sabia amar minhas irmãs e meus pais. Os meus, como a maioria dos pais, queriam que eu atendesse a suas expectativas e seguisse o roteiro que tinham traçado para a minha vida. Para agradar, eu até tentei, mas não consegui. Não deu para contrariar meus anseios e minha vocação. Eles ficaram desapontados, toda a família sofreu e eu me senti um completo fracasso.

No meio desse amargo isolamento comecei a perceber que minha gatinha gostava de carinho. Ela ronronava e devolvia os meus afagos. Para ela, o meu amor fazia diferença. Acho que foi o amor dessa gatinha que me salvou, pois ela manteve aberta em mim uma fonte de amor, e me fez descobrir a felicidade que eu sentia ao dar meu amor a alguém, cuidando, fazendo carinho, conversando com ela.

A importância da experiência com minha gatinha criou em mim uma consciência especial em relação aos animais. Como adulto, eu me sinto profundamente ligado a eles e acho maravilhoso olhar para um pássaro, um cervo ou uma vaca pensando que a mesma força vital que circula em meu corpo também circula no deles. Por isso sinto-me profundamente atingido por maus-tratos infligidos a animais e invisto para que sejam olhados com mais respeito e cuidado.

É triste ver tanta gente perdendo a ligação consigo, com os outros e com a natureza. Metade dos casamentos acaba em divórcio, os filhos são criados sem um dos pais, amigos se afastam por desentendimentos, os vizinhos não se cumprimentam, as pessoas vão perdendo a solidariedade. Em tempos assim, a forma de escapar desse movimento de negação do que há de melhor em nós é procurar amar o que está próximo, eliminando barreiras e preconceitos, abrindo-se para um círculo maior. Em vez de procurar a perfeição ou o ideal, fechando o coração para os que são diferentes de nós, por que não procurar amar a todos os que estão por perto? Pode-se amar até mesmo o desconhecido.

Na cidade onde moro existem várias pontes que cobram pedágio. Não faz muito tempo, algumas pessoas começaram a pagar o pedágio para o carro que vinha atrás, em um "puro ato de generosidade". O motorista do carro de trás ficava surpreso e satisfeito ao ouvir: "Já está pago. O motorista da frente pagou." Está aí um exemplo de doação espontânea, de dar sem esperar nem exigir retorno, um movimento que contagia. Eu fiz isso algumas vezes, até que resolvi ampliar a idéia. Os funcionários estavam ali cobrando pedágio e respirando descarga de automóvel o dia todo. Comecei a dar gorjetas aos cobradores e a cumprimentá-los. "Fique com o troco", eu dizia com um sorriso.

Todo mundo tem um pouco de magnata e um pouco de santo. Uma parte de nós quer ganhar e comandar, outra parte quer servir, amar, cuidar, alimentar, proteger. O mundo conspira para que a parte dominadora e consumista predomine. A maneira de resistir a isso e de obedecer ao impulso que nos fará efetivamente felizes é amar – os amigos, vizinhos, parentes, até os adversários. Espalhe seu amor à vontade e sem esperar retorno. Ame, e o amor voltará a você e inundará sua vida. E por sua causa, outros vão tomar também o caminho do amor e da paz.

Deus É Amor

♥ ♥ ♥ ♥

Hugh e Gayle Prather

"É verdade que o amor cura, mas receber amor não.
Receber amor apenas mantém a porta aberta para a cura,
para a felicidade e a realização, para a satisfação das necessidades.
Mas, para atravessar essa porta, é preciso amar."

Nossa geração foi a primeira a acusar os pais. Agora, estamos inovando outra vez: somos a primeira geração a jogar a culpa sobre os filhos. Para resumir a história toda, só mesmo escrevendo um livro: *Eu Sou a Única Vítima*.

Quando se trata de amor, acreditamos piamente que o único que vale a pena é o amor que recebemos. Em todos os relacionamentos – social, romântico, político ou entre pais e filhos – só nos interessamos por quem se dedica a nós, nos agrada, satisfaz as nossas vontades. Invertemos a Oração de São Francisco: "Fazei que eu procure mais ser consolado que consolar, ser compreendido que compreender, ser amado que amar, pois é pedindo que se recebe..."

Basta olhar em volta – famílias destruídas, crianças abandonadas, amizades traídas – para confirmar que essa fórmula não funciona. De quantas provas precisamos para nos convencer de que algumas verdades são imutáveis? Talvez na eternidade dar e receber sejam simultâneos. Mas, em nosso mundo temporal, *dar* vem antes. Essa verdade básica é ponto crucial em qualquer das mais importantes doutrinas místicas e religiões que surgiram na Terra nos últimos milhares de anos. Muito simples: é amando que se experimenta o amor.

Para nós dois é impossível compreender e falar de amor a não ser em termos de doação. Isto é fruto do que aprendemos em dezoito anos do nosso trabalho de aconselhamento familiar e, principalmente, em trinta e um anos de casamento. De toda essa experiência, a lição mais importante foi: o amor exerce um extraordinário poder de transformação sobre quem o pratica.

Vamos dar um exemplo. Durante quinze anos de vida em comum, ao contrário de Gayle, profundamente comprometida com seu casamento, Hugh seguiu o padrão de infidelidade de sua família. Finalmente ele começou a cair em si, tomando consciência do amor que Gayle tinha por ele. Ela era, talvez, a única pessoa em sua vida que lhe dedicava amor incondicional. E, apesar dos quinze anos de união com a mulher que reconhecia nele um valor que nem ele percebia, tinha permanecido basicamente intocado pelo amor.

Mas como isso é possível? O amor não cura?

É verdade que amar cura, mas receber amor não. Receber amor apenas mantém a porta aberta para a cura, para a felicidade e a realização, para a satisfação das necessidades. Mas, para atravessar essa porta, é preciso amar. Se receber amor curasse alguém, todas as criaturas seriam perfeitas, pois têm e sempre vão ter o amor de Deus.

Durante os muitos anos de dedicação a Hugh, Gayle cresceu espiritualmente, foi fundamentalmente feliz e superou a maior parte das mágoas que carregava desde criança. Hugh, que nesse período pouco fez além do que lhe agradava, não cresceu espiritualmente, não se livrou dos sofrimentos da infância e não apenas se sentiu infeliz como tentou o suicídio algumas vezes. Só depois que assumiu seu compromisso com Gayle e passou a priorizar a felicidade dela é que Hugh finalmente foi capaz de abandonar seu comportamento destrutivo.

Então, ao fazermos quinze anos de casados, tomamos a decisão de nunca nos deixarmos e de procurarmos firmemente superar qualquer crise. E passamos a reservar um tempo, todo dia, para discutir aspectos do relacionamento. Esse tempo era sagrado e fazíamos de tudo para não falhar ou interromper. Temos a certeza de que não foi por coincidência que, semanas depois de assumir esse compromisso, começamos a sentir a presença de Deus e, meses depois, nasceu nosso primeiro filho.

Quem nunca sentiu medo de "amar demais"? As pessoas temem os "sacrifícios" do casamento, sobretudo a perda de liberdade, o fato de ter de dar satisfações a alguém, sentir-se controlado, ter que dividir as despesas e os objetivos de vida. Acaba-se o reino do "eu", começa o do "nós". Se, apesar de tudo isso, toma-se a decisão de estabelecer um relacionamento estável, parece que os problemas aumentam. Porque, então, vêm os filhos, com todos os riscos, trabalhos, preocupações, responsabilidades.

A maioria das crianças pequenas não apenas ama seus pais como tem absoluta certeza do amor deles. Em nosso trabalho com famílias, muitas vezes ficamos surpresos com a percepção dos pequenos. Mesmo quando são terrivelmente maltratados, se recusam a duvidar do amor dos pais. Só perdem essa certeza depois de muito tempo de sofrimento. A julgar pelo número de adultos que foram abandonados na infância e que procuram, às vezes durante anos, reencontrar seus pais, acreditamos que a força da ligação entre eles nunca se desfaz completamente. E o mais interessante é que esses adultos são, geralmente, pessoas felizes, amam seus pais adotivos e foram bem tratados. Parece que o amor que receberam fez com que ficassem mais dispostos a buscar outras ligações afetivas. Embora não tenham lembrança alguma dos pais, pensam como no relato de um homem, publicado há pouco em um jornal: "A mulher que me adotou e me criou sempre vai ser a minha verdadeira mãe, mas quero conhecer a minha mãe biológica." A impalpável conexão entre espírito e espírito, entre alma e alma, entre Deus e seus filhos, é uma doce lembrança adormecida em todos os corações. Para acordar essa lembrança e conhecer o amor, basta querer.

Embora esta atitude não seja mais adotada na maioria dos hospitais, nos anos 70, quando começamos a formar grupos de apoio a famílias que tinham sofrido a perda de um filho, era comum os médicos e funcionários do hospital aconselharem os pais a "não se ligarem demais" à criança que estava para morrer. Diziam que não havia mais nada a fazer e, quanto mais fortes os laços, maior seria a dor da perda.

Alguns pais, porém, não aceitavam o conselho e se dedicavam com todas as suas forças. Acariciavam, alimentavam (quando isso era possível), rezavam ou, pelo menos, ficavam ao lado dos filhos. Em nosso grupo de apoio, notamos uma diferença marcante entre os pais que refrearam seu amor e os que não obedeceram ao conselho. Ao contrário do que tinha afirmado a equipe do hospital, o sofrimento era muito maior e persistente entre os pais que se afastaram. Os que deram amor sem restrições se recuperaram mais rapidamente e ainda passaram a ajudar os outros. Sentiam na vida diária a presença reconfortante do filho que tinham perdido. Sabiam – ou vieram a descobrir – que amavam muito mais do que o corpinho da criança.

Mas então quer dizer que amar significa abrir mão de fazer o que se gosta? Deixar que os filhos, os pais, o patrão, o marido – ou a mulher – se tornem tiranos? Que as vontades e caprichos deles sejam mais importantes que nossos sonhos e aspirações? É claro que não. Mas quer dizer que, muitas vezes, teremos de sacrificar nossos planos pelo bem-estar do outro.

Mas amar não é seguir o outro cegamente. Não existe mais amor no sim do que no não, na submissão do que na firmeza, no desprezo pelas nossas necessidades do que na satisfação delas. Na verdade, amar não é um comportamento. É uma qualidade do coração e da mente. O medo de amar diminui nossas chances de felicidade e crescimento pessoal. E não nos deixa vivenciar Deus.

Até que, um dia, nos damos conta de que, em vez de significar um sacrifício, o amor nos deixou um presente. Onde esperávamos o tédio, o amor criou um novo interesse. O que achávamos que seria um dia perdido, o amor transformou em realização. O que parecia um sacrifício interminável se revelou uma realidade muito mais estável e duradoura do que a da nossa antiga vida sem amor.

Deus é o rio de luz em que estamos imersos. Essa luz atravessa a essência mais íntima de cada ser vivo. Imagens de conflito e desunião pelo mundo não refletem em nada a unidade de Deus, mas ainda assim as invisíveis águas do amor nos envolvem em todas as circunstâncias, por mais terríveis, trágicas e vergonhosas que elas possam ser.

É muito simples a razão pela qual o encontro com Deus seja uma conseqüência da decisão de dar à felicidade alheia uma importância igual à nossa: Ele é unidade. Deus cria, sustenta e se une ao espírito. Deus está em nosso coração e em nossa mente. Caminha pela Terra sem ser reconhecido. Só enxerga Deus quem assume sua unidade com outro ser humano.

Vocação para o Amor

♥ ♥ ♥ ♥

Benjamin Shield, Ph.D.

"O amor é a essência que alimenta o corpo e a alma.
É o sopro de Deus. Dá objetivo à vida.
E nos concede a graça de dar e receber, assim como
o ar entra e sai dos nossos pulmões."

O amor está sempre presente. Ainda assim, muitas vezes é difícil mergulhar por inteiro na fonte de amor que existe dentro de nós e está disponível a qualquer momento. Não é preciso criar nada. Nós somos o amor. O amor é a nossa essência, a energia fundamental que nos alimenta. É a nossa natureza.

Desde que fomos criados, seguimos lutando para tomar posse de nossa natureza. Os obstáculos não impedem a jornada – seguimos em frente, não vencendo um inimigo externo, mas desapegando-nos de algo que está dentro de nós. Como fazer isso? Mantendo o coração aberto, assumindo nossa vulnerabilidade, desapegando-nos das experiências dolorosas do passado que impedem a capacidade de dar amor e acolhendo o amor que vem dos outros.

Pode-se dizer que o amor é como o sol. As nuvens passam e ele, como a nossa essência, continua a brilhar. Nossas vidas oscilam entre a alegria e a tristeza, mas o amor que está dentro de nós nunca diminui. Podemos ignorá-lo, reprimi-lo, negá-lo, mas não conseguimos destruí-lo. Mesmo quando nos esquecemos do amor, o amor não se esquece de nós.

O amor é a base mais forte da nossa vida. E muitas vezes são os momentos amorosos mais simples que fortalecem essa base. Várias vezes me lembro de uma história que ouvi no rádio há algum tempo. A radialista comentava as férias que tinha passado em uma bela cidade mexicana à beira-mar. Uma tarde, viu um casal já idoso passeando de mãos dadas pela praia. No jantar, lá estavam eles juntinhos de novo e era visível o amor que sentiam um pelo outro. Cheia de curiosidade, ela se apresentou e tomou coragem para perguntar qual o segredo daquele relacionamento tão amoroso. A resposta surpreendeu-a.

A mulher falou, divertida: "O segredo é que meu marido é meio surdo! Nós nos casamos na época da Depressão. Tínhamos que trabalhar em dois ou três lugares ao mesmo tempo, só para cobrir as despesas. Um dia cheguei em casa exausta, com o corpo moído, e disse: 'Meu corpo está doendo. Nunca senti tanto cansaço.' Ele me fez sentar e, com carinho, massageou meus braços. Aquele mal-entendido – quando falei 'cansaço', ele entendeu 'braço' – deu início a um ritual. Até hoje, no fim do dia, meu marido me faz massagem nos braços. Com esse gesto simples, demonstra diariamente seu amor e me faz lembrar do amor que sinto por ele. Não importa o que aconteça, estamos sempre conscientes do quanto é fácil amar um ao outro."

Muitas vezes, eu me pego com medo de correr o risco de amar, de ficar vulnerável e sofrer, de abrir o coração para outro ser humano. As marcas deixadas por experiências dolorosas criaram o medo que bloqueia a minha capacidade de amar. Aprender a identificar e afastar este medo é um dos maiores desafios da vida. Quando me sinto confuso e com medo de amar, procuro me lembrar que o amor, e não o medo, é a base que sustenta o mundo, ainda que nos esqueçamos disso.

O trabalho interno para libertar-me dos medos passados, presentes e futuros que atrapalham o fluxo do amor é um processo contínuo, para toda a vida. Ele me obriga a me olhar de frente, descobrindo que o medo é só um disfarce para os sofrimentos do passado e não premonição do futuro. No caminho da libertação, procuro me concentrar no que alimenta a experiência do amor, no que derruba as barreiras do meu ego e diminui as preocupações do dia-a-dia.

Para isso, ninguém precisa se enclausurar em um convento. A vida nos oferece, a cada dia, oportunidades especiais para restabelecer a conexão com o amor. A alegria das brincadeiras da minha cachorrinha, a música – *Sonata ao Luar,* de Beethoven, de que gosto especialmente – que me inunda de beleza aparam as arestas do dia. Gestos simples, como passear por um bosque, dar passagem para um carro num cruzamento, dizer uma palavra amável para o jornaleiro, ou mesmo respirar profunda e atentamente, me ajudam a alargar meus limites, a abrir espaço interno e a me expandir, levando-me devagar para o centro do meu ser, para o coração do amor.

Esse processo contínuo de conexão com meu interior me permite uma união mais plena com os outros. E quando isso acontece, minha visão se amplia, minha sensibilidade se aguça e fico mais consciente do amor que existe em mim e do que recebo dos outros.

O amor é mais que pensamento e sentimento. Amor é comportamento. É encontrar tempo para acompanhar o filho que está aprendendo a ler. É estar com o amigo – ou amiga –, partilhar de sua vida, seus sonhos, suas lágrimas. É se esforçar de verdade para ver as coisas pela perspectiva do outro. Nós nos renovamos ao dar amor em qualquer setor de nossa vida – na família, no trabalho, na comunidade e, o mais importante, a nós mesmos.

Tão essencial quanto o amor que se distribui é o que se deixa entrar. Quando estamos excessivamente absorvidos pelos acontecimentos do dia e ignoramos um cumprimento ou nos recusamos a aceitar apoio e conforto de nosso parceiro, estamos não apenas enfraquecendo o nosso coração, mas negando aos outros a alegria da doação.

Às vezes, o amor não está em "fazer". Está nos momentos tranqüilos, no cuidado conosco e com os outros, no espaço que abrimos para deixar entrar o amor.

A história do estudante em busca da iluminação Zen reflete o exagero da perseguição ao amor. Ele era um aluno tão aplicado, que meditava e orava de manhã, de tarde e de noite. Freqüentemente fazia uma pausa para se alimentar e dormir. O professor notou que o aluno estava cada dia mais fraco e cansado e, um dia, sentou-se ao lado dele e expressou sua preocupação: "Por que você não se alimenta e dá o descanso que seu corpo e seu espírito merecem?" Ele respondeu: "Porque quero alcançar a iluminação e não posso perder um momento sequer." O professor pousou a mão sobre o ombro do aluno e disse: "O que o faz perseguir a iluminação? Talvez a ânsia de encontrá-la o esteja afastando do seu objetivo. Quem sabe a iluminação não está atrás de você? Neste caso, tudo o que tem a fazer é ficar parado e deixar que ela o alcance!"

Essa história me lembra que podemos escolher: ou nos amamos ou nos julgamos. Quando nos julgamos, somos tomados pelas falhas e mágoas do passado ou transportados para as fantasias idealizadas do futuro. Vamos e voltamos, buscando desesperadamente o amor que, paciente, descansa em nosso coração, esperando ser descoberto. Nos momentos em que superamos conscientemente os julgamentos, a autocrítica e a desconfiança, criamos o ambiente ideal para o amor e a compaixão por nós mesmos e pelos outros.

Os efeitos da verdadeira generosidade vão muito além da nossa própria vida e podem transformar o mundo de maneiras nunca imaginadas. Rollo May certa vez comparou a generosidade a estar em uma loja de artigos musicais e tocar uma única corda de um violino, fazendo a mesma corda de todos os outros violinos da loja vibrarem também.

O poeta Rainer Maria Rilke escreveu: "O amor entre dois seres humanos é talvez a mais difícil de todas as empreitadas, a prova final, a tarefa para a qual todas as outras são simples preparação." Sempre acho que a minha capacidade de cumprir essa tarefa decorre da importância que dou a ela e estou convencido de que a expressão do amor é prioridade absoluta e o maior bem que se pode alcançar durante a vida na Terra.

O amor está sempre presente. Vive enquanto vivemos. É a essência que alimenta o corpo e a alma. É o sopro de Deus. Dá objetivo à vida. E nos concede a graça de dar e receber, assim como o ar entra e sai dos nossos pulmões. No final, nossas vidas serão avaliadas pelo amor que compartilhamos e pelos momentos de afeto e desprendimento que, juntos, definem e expressam a essência da nossa verdadeira vocação.

Amar de Dentro para Fora

♥ ♥ ♥ ♥

Patricia Love, Ed.D.

"Eu acredito que deixamos que as pessoas entrem em nossas vidas – especialmente nossos parceiros de relacionamento – para serem nossos professores. Só que depois, por ironia, começamos a tumultuar a aula!"

Aprendi que, para encher minha vida de amor, preciso primeiro controlar a mente. A vida me ensinou que minha mente é ativa e instável e que, se eu não ficar atenta, ela se volta para onde está a energia – muitas vezes em áreas negativas. Por muitos anos fui movida a energia negativa, sempre me criticando e culpando pelos erros que cometia. Foi preciso um longo processo de aprendizagem para chegar à descoberta de que posso escolher a forma de encarar a mim e à vida e de reagir internamente ao que acontece. Quanto mais escolhas positivas eu faço, mais o amor entra livremente em minha vida.

Levei tempo para entender que amor-próprio quer dizer me respeitar, fazendo do amor uma realidade única, especial em minha vida. Aprendi que preciso amar primeiro a mim. E assumi essa tarefa, às vezes bastante difícil. É um esforço de cada dia, um processo contínuo, pois ainda hoje tenho que investir minhas energias para lembrar que mereço ser e sou amada.

Todo este trabalho só poderia ter um resultado: o amor. Eu me sinto bem, os que me rodeiam também. Eles sabem que podem contar comigo. Assim, me torno um canal para o fluxo do amor que passa por eles e volta para mim. Qualquer um pode fazer o mesmo. Basta confiar e persistir, entendendo que as coisas nem sempre acontecem da forma e na ordem que se espera, mas que a vida sempre avança quando a intenção é amorosa.

Eu acredito que deixamos que as pessoas entrem em nossas vidas – especialmente nossos parceiros de relacionamento – para serem nossos professores. Só que depois, por ironia, começamos a tumultuar a aula! Mas, confiando na escolha que fizemos e acreditando na nossa capacidade de progredir, temos muito a aprender trilhando o caminho dos relacionamentos que irão revelar o que existe de mais misterioso em nós.

Uma das oportunidades que temos de aprender com nossos parceiros é através da intimidade sexual. Quanto mais anos de vida em comum, mais aprendemos lições preciosas. Às vezes nos esquecemos que, quando a atração física inicial diminui, alguma coisa muito mais profunda se constrói e se revela desde que, com abertura e honestidade, consigamos nos comunicar com nossos parceiros. Quantas vezes desperdiçamos essa oportunidade maravilhosa de amor, confiança e descobertas mútuas por não sabermos ou temermos comunicar nossas necessidades e desejos. Se não nos entendermos um ao outro, acabaremos enredados em uma teia de malentendidos e expectativas frustradas. Precisamos ouvir e acolher de verdade o parceiro – ou parceira –, deixar crescer a intimidade, para depois desfrutar da paz genuína que nasce do amor, da confiança e de uma história vivida a dois. A dedicação, a lealdade, o amor que compartilhamos criam uma fonte maravilhosa que transborda e se espalha por todos os aspectos da vida.

Os momentos de conflito são outra oportunidade de aprendizado para os parceiros. Tenho observado que, muitas vezes, cada um tem sua própria visão e soluções para o relacionamento e tenta impor ao outro seu ponto de vista, esquecendo-se que são diferentes. Quando o impasse é grande, os dois só precisam de alguém que ajude a enxergar, que intermedie o diálogo e que facilite o aprendizado da lição contida no conflito. Se conseguirmos ouvir realmente o que o companheiro – ou companheira – tem a dizer, percebendo o que está por trás do modo de falar, do tom de voz e das próprias palavras, vamos encontrar nossa própria verdade. É uma tarefa árdua, que exige humildade, mas se formos capazes de desarmar as defesas e deixar acontecer, a recompensa vai ser uma intimidade nova, cada vez mais profunda e gratificante.

A comunicação é essencial para a intimidade. Abrir-se para receber as mensagens que os parceiros nos mandam sobre suas necessidades e desejos e sobre nós. Acolher a mensagem e procurar responder com desprendimento, pensando no outro, leva ao verdadeiro. Freqüentemente, vejo casais que se deixam levar pela emoção do momento e se agridem com o tom de voz e com palavras ásperas. No calor da discussão, a mensagem se perde. O cuidado na comunicação é um aprendizado difícil. Talvez o mais difícil. Mas todo relacionamento envolve esforço. Não existem parceiros perfeitos nem relacionamentos perfeitos. Mas existem relacionamentos em que os parceiros estão satisfeitos, a ligação entre eles é cada vez mais forte e, por isso, se prolongam e proporcionam o aprendizado que os faz crescer sempre.

Outro aspecto importante em um relacionamento sério e profundo é procurar não competir, mas incentivar um ao outro. Dar atenção às necessidades mútuas, ceder o primeiro lugar criam laços de afeto mais fortes. Às vezes, abrir sinceramente mão de alguma coisa é uma bela e necessária prova de amor. Podemos, por exemplo, fazer amor mesmo sem muita vontade, como forma de dar carinho, e atender ao desejo do outro. Em compensação, ele – ou ela –, em um outro dia, mesmo com vontade de se aproximar, pode respeitar nossa necessidade de solidão.

É claro que, mesmo aceitando os parceiros como mestres, não vamos seguir suas idéias cegamente. Isso seria tão destrutivo para ambos quanto negar seu papel em nosso desenvolvimento como pessoas. Precisamos aprender a confiar em nossa própria sabedoria. Passei anos e anos ignorando meus pressentimentos, minha intuição, minha inteligência. Tive que trabalhar bastante para superar isso. Nossa mente, nosso corpo, nossos sentimentos, emoções e sentidos merecem confiança. Essa certeza provoca uma maravilhosa fusão entre interior e exterior, nos deixa mais receptivos aos companheiros e às lições que podemos aprender com eles.

Se não estamos em harmonia conosco, não damos ouvidos à voz interior que nos diz o que é seguro e verdadeiro. A mensagem não chega ao seu destino e nos sentimos abandonados. Abrir mão dos benefícios da sabedoria interior é o mesmo que negar o amor-próprio. Somente quando em sintonia com nossas mensagens mais íntimas é que conseguimos abrir espaço para o amor que nos alimenta e transforma o mundo.

Coquetel de Amor

♥ ♥ ♥ ♥

Shakti Gawain

*"Acredito que, como seres espirituais e eternos,
tomamos forma física para viver a experiência
de uma jornada única, surpreendente, fantástica – embora,
às vezes, muito difícil. Estamos aqui para aprender sobre
dois tipos de amor: o humano, com seus desejos, necessidades
e contradições, e o amor espiritual, com sua benevolência absoluta."*

Na minha opinião existem dois tipos básicos de amor: o espiritual e o que chamo de "amor humano". O amor espiritual se manifesta quando estamos intimamente ligados à nossa essência (nosso espírito), à força vital e à unidade. É um sentimento crescente de total ligação com tudo que vive. É o amor incondicional. O amor humano envolve nossas necessidades pessoais nos níveis físico, emocional e mental. Não é um amor incondicional.

O que geralmente chamamos de "amor" é uma mistura dos dois e assume diversas formas: amor entre pais e filhos, entre amigos, entre amantes. Muitas pessoas consideram que o amor incondicional é mais puro e superior que o humano. Mas a verdade é que só pode experimentar o amor incondicional quem teve as suas necessidades – físicas, mentais e emocionais – atendidas. O sofrimento emocional, a falta de amor-próprio e a impossibilidade de viver segundo a própria verdade bloqueiam a passagem do amor espiritual. Ele só pode ser experimentado depois que essas feridas são tratadas.

Acredito que, como seres espirituais e eternos, tomamos forma física para viver a experiência de uma jornada única, surpreendente, fantástica – embora, às vezes, muito difícil. Estamos aqui para aprender sobre dois tipos de amor: o humano, com seus desejos, necessidades e contradições, e o amor espiritual, com sua benevolência absoluta. Alguns procuram evitar a experiência humana. Pensando que esse amor é menos importante ou de nível inferior, tentam o acesso direto a um "plano superior" de amor espiritual. Mas só se consegue reconhecer e satisfazer as necessidades alheias depois de reconhecer e satisfazer as próprias necessidades – depois de aprender a se amar por inteiro, com todas as suas características: as nossas qualidades e o que chamamos de defeitos. Muitos procuram amar negando o que consideram sentimentos negativos: raiva, tristeza, egoísmo. Essa estratégia não funciona, porque é indispensável tomar contato com o que somos para fazer qualquer mudança. Se negamos um sentimento, nada muda e ele acaba se manifestando de forma descontrolada. Se aprendermos a aceitar – e até amar – o ódio, a dependência, o medo e a carência como parte da experiência humana, nos tornamos capazes de aceitar essas características nos outros e a amá-los com toda a sua ambigüidade. Esta é a verdadeira compaixão. Só assim conseguimos entrar em contato com a força vital, com o universo e com uma forma de amor verdadeiramente espiritual. Portanto, o genuíno amor espiritual começa com o aprendizado do amor-próprio e da auto-aceitação.

Para que nos amemos e cuidemos de nós, precisamos entrar em sintonia com nossos próprios sentimentos, necessidades e energias – estar o mais próximo possível de nós mesmos. Quanto mais fazemos isso, mais forte a conexão. E quanto mais nos ligamos a nós mesmos, mais fácil é ligar-se aos outros e receber seu amor.

Para entrar em contato com o eu interior é necessário um período diário de silêncio, isolamento e distância do mundo – um tempo de quietude e relaxamento. Procuro meditar um pouco toda manhã, ainda que por cinco ou dez minutos apenas, para manter o equilíbrio. Mas o que mais me ajuda é passar algum tempo ao ar livre – fazer uma caminhada curta ou ficar algum tempo embaixo de uma árvore. O contato com a natureza tem um papel importante no contato com meu próprio eu e também me ajuda a ver e entender melhor meus problemas. Passear por um bosque, admirar a imensidão azul do mar, ouvir o canto dos pássaros me faz lembrar que eu e meus problemas somos apenas uma pequeníssima parte de uma engrenagem muito maior. Esta percepção me tranqüiliza e me alimenta.

Depois de estabelecer o contato conosco, com nossos sentimentos, necessidades e desejos, é importante encontrar outras pessoas com quem possamos ser absolutamente honestos. O amor depende da honestidade e da certeza de poder expressar o que se sente com total confiança e abertura. Mas também é fundamental saber ouvir. Todo mundo quer ser ouvido. Por isso, procurar ouvir sem julgar é um dos mais esplêndidos atos de amor. Ouvir com empatia e solidariedade, acolher o que o outro nos diz – mesmo que nossa experiência e forma de agir sejam diferentes das dele –, é a pedra fundamental de uma relação de amor. Só se alcança a verdadeira intimidade quando ambos os envolvidos sentem segurança para se expor e partilhar suas esperanças, sonhos, medos e sofrimentos. Mas só se chega a essa segurança através da aceitação e só conseguimos aceitar o outro quando aceitamos a nós mesmos.

Acredito que uma parte importante da nossa tarefa como seres humanos é buscar meios de nos ligarmos ao amor fundamental que é a força da vida. Esse amor não é algo que vamos buscar fora de nós. Ele está em nós, sempre esteve, mas por vários motivos perdemos o contato. Para restabelecê-lo precisamos desenvolver uma prática espiritual. O caminho dessa conexão com a espiritualidade é o mesmo da conexão com o próprio eu – através de um tempo de quietude e isolamento, quando interrompemos qualquer atividade e concentramos a atenção em nós mesmos. A espiritualidade está dentro de nós, é o nosso estado natural. Basta descobrir o que está impedindo o nosso acesso a ela e começar o processo de cura. O primeiro passo é o contato, a aceitação e o amor pela nossa essência mais profunda. Alguns conseguem isso através da meditação, outros, rezando em uma igreja, no contato com a natureza, ouvindo música ou pintando um quadro. Tudo é válido – tudo que leve a um sentimento de ligação profunda com a vida. O passo seguinte, que pode ser realizado ao mesmo tempo, é cuidar das próprias necessidades emocionais, já que a base de qualquer tipo de amor é o cuidado e o amor por si mesmo. Quanto mais cuidarmos de nossas necessidades emocionais, mais seremos capazes de amar os outros e maior será a nossa sintonia com o amor espiritual.

Se você está procurando meios de trazer mais amor para a sua vida, comece amando a si mesmo. O amor não é algo que nos chega de fora quando estamos procurando "fazê-lo acontecer". Às vezes, quanto mais você se esforça por amar e ser amado, mais difícil isso parece ser. Aprenda a aceitar-se e amar-se, aprenda a amar até mesmo os seus aspectos desfavoráveis, e você verá como o amor irá desabrochar dentro e em torno de você.

Celebrando o Amor

♥ ♥ ♥ ♥

Leo Buscaglia, Ph.D.

"Na vida e no amor só existe o momento presente, o agora. A única realidade que conhecemos é a do exato momento que estamos vivendo. Realidade não é o que já passou nem o que ainda vem. Aceitar essa idéia tão simples torna a vida mágica, porque desperta o amor."

Talvez a melhor maneira para começar a encher a vida de amor seja definir o que é amar. Amar é um processo contínuo que consiste em acrescentar mais amor ao que já existe dentro de nós. O amor está sempre presente em qualquer ser humano. O que pode acontecer é que em cada momento da vida o amor se encontre em um estágio diferente de desenvolvimento. Porque o amor está sempre em processo de construção.

Às vezes é difícil reconhecer o amor, porque ele tem diferentes maneiras de revelar-se através de cada pessoa. Esperar que os outros amem do mesmo modo que você ama é irreal. Só você é você, e a maneira como reage, distribui e sente amor é só sua. Descobrir o amor em si e nos outros é uma aventura emocionante, porque ele assume formas diferentes em cada pessoa e em cada momento. O segredo é entender o que é o amor e não insistir em como deve ser.

Existem grandes diferenças no modo como as várias culturas demonstram suas emoções. Quando visito meus parentes na Itália, por exemplo, é muito fácil perceber o amor que sentem, porque o expressam com muito calor, manifestando a alegria e a emoção que a minha chegada provoca com exclamações, abraços e beijos. Eu adoro essas demonstrações de carinho, até porque fui criado em meio a essa "enxurrada" de amor. Mas é compreensível que uma pessoa pouco acostumada a esse tipo de exibição amorosa se sinta surpresa ou mesmo assustada.

Existem povos em que homens e mulheres se abraçam, andam de mãos ou de braços dados. Mas há certas regiões dos Estados Unidos onde esse comportamento seria considerado estranho, se não ilegal. Acho isso uma pena, pois o toque físico pode ser uma forma de comunicação muito mais eficiente do que as palavras. Passar o braço em volta dos ombros de alguém é um modo de dizer: "Eu entendo, eu sou solidário." Infelizmente, já vi pessoas chorando enquanto outras simplesmente observavam constrangidas, com visível desconforto. No máximo, ofereciam um lenço – um abraço é muito raro. Isso não quer dizer que não fossem pessoas amorosas. Simplesmente não sabiam expressar o amor que sentiam. Talvez não seja possível superar essas limitações culturais, mas o fundamental é tomar consciência do amor que existe dentro de nós e investir para que desabroche.

Um dos conceitos mais difíceis de entender é que o amor

vive no momento presente. Quando ficamos agarrados ao passado ou esperando ansiosamente pelo futuro desperdiçamos o momento presente. Alguns se prendem com saudade aos "velhos tempos", tentando reviver a felicidade e a segurança do passado. Outros só pensam no amanhã e passam a vida acumulando sucesso e bens externos na esperança de um futuro espetacular. Vão acumulando fortunas, abrindo mão do convívio com a família em favor de ações na Bolsa ou outras formas de "segurança". Na verdade, direcionam suas vidas para um futuro que é sempre nebuloso ou mesmo para a própria morte. Preocupados com o amanhã, perdem de vista as alegrias presentes no dia de hoje, com todas as possibilidades de amor que ele encerra.

Mas é preciso lembrar que a vida é um processo, não um objetivo. A vida se constitui dos passos que damos e das alegrias da jornada. Se nossos olhos estão fixados no ponto da chegada, perdemos de vista tudo o que o caminho nos oferece.

Na vida e no amor só existe o momento presente, o agora. A única realidade que conhecemos é a do exato momento que estamos vivendo. Realidade não é o que já passou nem o que ainda vem. Aceitar essa idéia tão simples torna a vida mágica, porque mantém o amor vivo. Isto não quer dizer que se deva viver apenas para o presente, mas que se viva no presente, o que faz uma grande diferença.

É claro que o passado tem importância e o futuro reserva tesouros desconhecidos. Mas só o presente tem valor realmente, pois está aí para ser vivido por inteiro. O resto é só lembrança ou imaginação. Como o amor sabe isso, ele não olha para trás – apenas usa a experiência do passado e aproveita o que ela oferece de melhor. O amor também não olha para a frente, porque sabe que o sonho do futuro está lá, esperando, mas pode não chegar nunca. Não, o amor não é passado nem é futuro. Felizmente, o amor é agora! E só no agora pode se tornar realidade. O resto não passa de saudade ou de esperança.

Existe um antigo *koan* budista (um problema difícil para forçar o aluno a decifrá-lo). O *koan* fala de um monge que, fugindo de um urso faminto, chega à beira de um penhasco e tem de decidir entre saltar e ser devorado. Resolve pular, mas, no meio da queda, consegue se agarrar a uma raiz que escapava das pedras. Para piorar, quando o pobre monge olha para baixo, vê um tigre andando em círculos, esperando que ele caia para atacar. Exatamente nesse momento, dois esquilos em busca de comida começam a roer a raiz onde se agarrava. Com o urso em cima, o tigre embaixo e os esquilos ao lado, o monge avista, ao alcance de sua mão, uma moita de morangos silvestres com uma fruta bem grande, vermelha, madura e suculenta. Ele colhe o morango e saboreia, dizendo: "Que delícia!"

Histórias como essa servem para nos mostrar onde está o amor – no momento presente. O amor se revela e cresce no presente. Se alimenta da alegria do momento. Vivendo intensamente cada momento, você descobre o que o amor tem a oferecer e, como resultado, sua vida se enche de amor.

Acrescentar amor à vida é sempre bom. Mas é preciso analisar o tipo de amor que estamos procurando. Amor maior é aquele que tudo dá sem nada esperar em troca. É um amor que sempre deseja receber de volta e se encanta com isso, mas nunca pede nada – a não ser a oportunidade de continuar existindo. Este é o amor mais puro, o que só traz alegria, porque quem não espera não sofre nem se desaponta por não receber. O amor só traz sofrimento quando exige alguma coisa em troca.

Essa idéia do amor puro, que dá sem receber, na prática é extremamente difícil e são poucos os que conseguem dar sem esperar receber.

Quem ama intensamente só pode acreditar, confiar, aceitar e ter a esperança de receber amor de volta. Mas não existem garantias. Quem guarda seu amor para o momento em que tiver certeza de receber amor igual corre o risco de esperar para sempre. E quando amamos com qualquer expectativa, corremos o risco de nos desapontarmos, porque não é provável que consigamos encontrar quem atenda a todas as nossas necessidades, por maiores que sejam o amor e a dedicação dessa pessoa.

O budismo nos ensina que, quanto mais próximos da iluminação, menos desejos sentimos. Esperar algo dos outros como se tivéssemos "direito" é uma receita de infelicidade. Talvez não seja possível renunciar completamente aos nossos desejos, mas quanto menos exigimos ou esperamos dos outros, menos sofremos desapontamento e desilusão. As pessoas nos dão o que podem e quando podem, não necessariamente o que queremos e quando queremos. Quando deixamos de impor condições para amar, damos um enorme passo na direção do aprendizado do amor.

Mas como renunciar às nossas exigências e desenvolver o

amor em seu estado mais puro? Acredito que a melhor forma de aprender a amar é mergulhando profunda e intensamente na vida. Como começar? Acho que uma boa maneira é abrindo-se para o amor, estando atento para suas manifestações, procurando não deixar passar uma ocasião de manifestá-lo. E convencendo-se de que, por mais difícil que pareça ser, você é capaz de mudar. Confie em si e trabalhe, invista.

É preciso querer e fazer.

A pessoa que está muito acima do peso e sonha com um corpo esbelto não vai emagrecer e enrijecer os músculos só pelo desejo. Assim é com o amor. É importante querer amar, mas só a ação faz o amor se manifestar. Amar é um verbo de ação. Se quisermos amar, temos que nos aproximar do amor, chegando aos outros com amor traduzido em gestos e ações concretas.

Já que vivemos em um mundo imperfeito, onde nosso amor nem sempre é correspondido, é bom se fortalecer para continuar a amar. Repetir sempre: "Amo porque quero. Amo por mim, não pelos outros. Em primeiro lugar, amo pela alegria que o amor me dá. Em segundo, amo pela alegria que o amor dá aos outros. Se retribuem meu amor, ótimo. Se não, vou procurar não dar importância, porque o que eu quero é amar." Lembrar que vivemos pela alegria de amar. Esperar que os outros façam o mesmo, mas sem expectativas nem exigências. Assim, se formos correspondidos, ficamos duplamente felizes.

Infelizmente, às vezes, nós mesmos atrapalhamos o amor. A vida é como uma tapeçaria muito elaborada, formada de relacionamentos. Em cada relacionamento, as motivações, os desejos, sonhos e necessidades formam uma trama bem apertada. Observando os desenhos dos nossos relacionamentos e a tapeçaria da nossa vida, descobrimos os nós que impedem o crescimento do amor. Esses nós são certas características destrutivas – como a necessidade de controlar tudo, de estar sempre com a razão, de brigar por qualquer coisa, de querer que os outros mudem para atender nossas necessidades, de ter a posse exclusiva do outro.

Mesmo a pessoa mais equilibrada tem problemas de relacionamento. Quando duas ou mais pessoas se juntam, ainda que por vontade própria e com amor, o processo de manter essa união é tremendamente complexo. Equilíbrio e segurança são abalados. Os comportamentos têm que ser ajustados para que o relacionamento não seja desgastado ou destruído.

Como apontei em meu livro *Loving Each Other* (Amando um ao outro), podemos escolher entre várias estratégias para lidar com problemas no relacionamento:

Negar que existem.

Reconhecer que existem, mas evitar procurar uma solução.

Criar uma couraça e conviver com eles.

Concluir que são irreversíveis e decidir pela separação.

Decidir enfrentar o desafio de agir cada vez com mais amor. Entender que quanto mais nos dedicamos a investir para encontrar soluções para os problemas de relacionamento, maior vai se tornando a nossa capacidade de amar.

Espero que você tenha escolhido a última, porque desejo que a sua vida se encha de amor.

Uma Receita de Amor

♥ ♥ ♥ ♥

Andrew Weil, M.D.

"Duvido que eu consiga promover mais amor na minha relação com o mundo se não estiver conectado a essa força amorosa que existe em mim. Como em muitas outras áreas da vida, é preciso trabalhar de dentro para fora."

Vivo em Tucson Valley, em uma região afastada e especialmente mágica que faz divisa com uma reserva florestal – um verdadeiro santuário de belezas naturais. Cuido das minhas terras e procuro criar um ambiente bonito, atividade que me ajuda a manter o equilíbrio. É aí que recebo meus pacientes. Eles chegam e são recebidos na casa onde moro.

Como moro longe da cidade, meus pacientes vêm cheios de expectativas, e a viagem é difícil para alguns. Mas eu não os recebo como um "doutor". Procuro relacionar-me com eles de forma bem pessoal, sem aquelas formalidades geralmente associadas à figura do médico.

Talvez se possa dizer que sigo a linha "médico, cura a ti primeiro", mas o fato é que eu duvido que consiga promover mais amor na minha relação com o mundo se não estiver conectado a essa força amorosa que existe em mim. Como em muitas outras áreas da vida, é preciso trabalhar de dentro para fora.

Meu dia começa com meditação. É a primeira coisa que eu faço ao acordar e ela me ajuda a encontrar equilíbrio e concentração para enfrentar o que o dia me apresentar. Eu me lembro bem do tempo em que não meditava e vivia à mercê das minhas variações de humor.

A meditação do coração, ensinada pelo budismo, é parte da minha rotina diária. Nela, imagino meu coração cheio de amor, que vai se expandindo em círculos cada vez mais amplos. Primeiro, abro meu coração para os vizinhos mais próximos, depois para o bairro, a cidade, o estado, o país, podendo chegar até o mundo. É uma meditação visual e mental que passa por toda a cadeia evolutiva. Projeto amor para minhas plantas, meus cachorros, meu papagaio, meus filhos e enteados, e assim por diante.

Sei que minha experiência do mundo é bastante determinada pela forma como o percebo. Minha consciência influencia e também limita o que vejo. Por isso, se estou ligado à fonte de amor que trago dentro de mim, consigo ver o amor que me rodeia. E entro em sintonia com o amor dos outros.

Na minha opinião, amar se resume a projetar os nossos sentimentos sobre alguém ou alguma coisa. Acho que quando as pessoas descobrirem que o amor tem sua origem em uma fonte interna, vão sempre encontrar um meio de se conectar com ela – e não estou falando apenas do amor romântico, mas do que pode nos ligar a qualquer ser que habite o mundo.

A verdadeira definição de cura é "tornar inteiro". Mas é muito raro um médico ser treinado para entender que nem sempre o remédio para uma doença pode ser encontrado nas farmácias – às vezes a solução está em um material impalpável que não pode ser guardado em vidros.

O amor é a única fonte de sustento e apoio na vida, e sua força é tão poderosa, que ele é capaz de produzir curas milagrosas nos planos físico, mental e espiritual. Precisamos aprender a cultivar ao máximo essa força.

Não tenho dúvida: a saúde e a resistência às doenças estão profundamente ligadas às condições mentais e emocionais. Eu vejo isso. Muitos pacientes meus viram desaparecer sintomas crônicos, inclusive fortes dores nas costas e doenças auto-imunes, como o lúpus, ao se apaixonarem. O amor libera tanta energia positiva pelo corpo, que cura várias doenças.

Então, eu estaria receitando amor? De certo modo sim, embora seja impossível comprar na farmácia este elixir. Geralmente, não chego a falar claramente aos meus pacientes sobre isso, mas o amor está sempre presente nas minhas idéias e nas perguntas que lhes faço.

Todo médico quer o bem do paciente. Ainda assim, as faculdades pouco ensinam sobre o efeito das emoções sobre a saúde. Nada se fala sobre as experiências espirituais e sua influência sobre o corpo físico. Pouco se aprende desse fator essencial na medicina que é a arte de saber ouvir e colocar a comunicação e a sugestão a serviço da cura. Considero os médicos relativamente mal treinados nessas áreas e acredito que mudar esse quadro traria mais saúde para todos nós.

Eu vejo meus pacientes não apenas como corpos físicos,

mas como seres dotados de pensamentos e emoções. Estou sempre à procura de sugestões para que alcancem melhor saúde mental. Podem ser idéias simples, práticas e específicas, como recomendar que passem mais tempo em contato com a natureza, tenham sempre flores em casa ou procurem amigos cuja companhia lhes dá prazer. Às vezes, indico a meditação. Meus conselhos são individuais, dependendo do que percebo em cada paciente, de suas preferências e aptidões.

Como seres humanos, o maior desafio que enfrentamos são os relacionamentos. Se viver a própria vida já é difícil, quanto mais com outra pessoa! Mas é o melhor meio de nos aperfeiçoarmos. Somos atirados de cabeça em atividades para as quais ainda não estávamos prontos, forçados a enfrentar assuntos que ainda precisamos aprender. É esse desafio que faz dos relacionamentos parte integrante do nosso trabalho espiritual.

Da mesma forma que o amor flui de dentro e se expande em círculos, os relacionamentos se movem de forma cíclica. A natureza do amor entre pessoas obedece a uma espécie de reciclagem, está em constante mudança e recriação. Eu e minha mulher notamos isso, porque estou sempre viajando. A cada separação, fica ainda melhor voltar para casa. Acho que isso faz parte da natureza do amor. À medida que o tempo passa, há novas descobertas e percepções, crises são superadas e o relacionamento se aprofunda, muda de qualidade, se solidifica. Como se um mesmo casal se recasasse várias vezes.

Quando a família aumenta, o desafio também aumenta. A convivência com as atitudes dos outros – que podem ser muitas vezes bem desagradáveis – faz ser necessário um afastamento para restabelecer o equilíbrio e reabastecer-se. Meus exercícios de respiração, por exemplo, são um procedimento muito útil em casos de emergência. Em nossa casa, seguimos certos rituais e somos bastantes sensoriais – volta e meia nos abraçamos. Todas as cerimônias e tradições familiares nos ajudam a crescer juntos.

O tempo que se passa a sós também é importante para a reciclagem. Encontrar esse tempo é indispensável para que o redemoinho do dia-a-dia não acabe escondendo uma lição fundamental: é muito fácil o acesso às nossas reservas internas de amor.

Sempre que precisamos, temos tudo dentro de nós. Todas as lições. Todo o amor. Não é preciso procurar do lado de fora – a fonte está dentro de nós, sempre presente, sempre disponível. Se estivermos abertos para essa fonte, e capazes de buscar nela nossos recursos, podemos dizer que aprendemos a linguagem da cura.

Os Fundamentos do Amor

♥ ♥ ♥ ♥

Betty Eadie

"Quanto mais reparamos na beleza e nos milagres que nos cercam, mais as nossas vidas se enchem de amor. Quanto mais amamos, mais cresce a nossa capacidade de amar. É um processo contínuo. Quando amamos o mundo e todos os seres humanos, esse amor se manifesta e retorna para nós."

Encher a vida de amor – dar e receber – é um dos aspectos mais difíceis da vida. Pelo menos foi para mim, pois meu mundo nem sempre era amoroso. As pessoas também não são sempre generosas nem fáceis de serem amadas. E, para piorar, muitos de nós crescemos em famílias onde aprendemos exatamente o contrário: a nos defendermos, a não nos entregarmos ao amor.

Eu tive que aprender não só como dar amor, mas como receber amor. Geralmente, é mais fácil agir de forma amorosa do que receber e confiar no amor dos outros.

Para aprender a encher minha vida de amor, tive primeiro que aprender a me amar. Descobri que, sempre que não conseguia agir com amor em relação aos outros, era porque havia em mim alguma coisa que eu não aceitava. Naquela época, a maioria das pessoas que faziam parte da minha vida me aborrecia, me incomodava. Felizmente consegui descobrir que a origem da minha insatisfação era falta de auto-estima, de amor-próprio, e não tinha nada a ver com os outros. E entendi que, para dar amor de verdade, é preciso amar primeiro a si mesmo.

É muito mais fácil achar defeitos nos outros do que olhar para nossas próprias falhas com honestidade. Temos a tendência de negar nossos defeitos ou minimizá-los. A única forma de crescer e superar nossas falhas é olhando-as de frente: algumas podem ser superadas, outras temos que aceitar, conviver com elas e administrá-las da melhor maneira possível. Cheguei à conclusão de que não adiantava considerar-me perfeita, reclamando de quem não concordasse comigo. Reconhecer tudo isso tirou um grande peso de mim, tornando-me capaz de amar-me e aceitar-me com tolerância. E ao aceitar e amar a mim mesma, passei a amar e aceitar os outros com suas qualidades e defeitos.

Acho que a experiência por que passei – estive muito perto da morte – transformou o meu modo de ver a vida e me fez desejar ser uma pessoa mais voltada para o amor. (Gosto de pensar que teria me tornado mais amorosa de qualquer jeito. O tempo e a idade fazem isso!) Mas nessa altura da vida já não estou tão preocupada com as razões que me tornaram mais amorosa. Prefiro ficar atenta e, a cada oportunidade, agir. Quase sempre basta o simples desejo de mudança para operar transformações.

Uma das maneiras que tenho de praticar o amor é pensar como me sentiria se, em uma determinada circunstância, os papéis fossem invertidos. Que resposta eu gostaria de receber? Então, procuro agir de acordo. E dá certo. Quando procuramos tratar os outros como gostaríamos que nos tratassem, agimos com mais generosidade, compaixão e tolerância. Ninguém quer ser ferido nem tratado com rudeza ou crueldade. O problema é que, apesar de nos ensinarem muitas vezes para fazer aos outros o que queremos que nos façam, esperamos receber esse tratamento antes de oferecê-lo. É preciso reverter o processo. Se agirmos com amor e generosidade, mesmo sem receber nada em troca, o mundo em que vivemos vai ser muito melhor.

Amar e apreciar as pequenas coisas da vida, toda a beleza criada por Deus, é muito importante. Eu sei que parece uma idéia simplista, mas procuro não perder nada do que me aparece: um pássaro, uma árvore, uma flor, um fato diferente. E agradeço a Deus pela oportunidade de ver. Quando faço isso, o universo parece se abrir e me envolver em amor. E ao receber esse amor, eu me abro mais ainda e me torno mais capaz de retribuir, dando início a um magnífico ciclo de amor. Quanto mais reparamos no amor, na beleza e nos milagres que nos cercam, mais as nossas vidas se enchem de amor. Quanto mais amamos, mais cresce a nossa capacidade de amar. É um processo contínuo. O amor que dedicamos ao mundo e a todos os seres humanos se manifesta e retorna para nós.

À medida que procuramos ser pessoas mais amorosas, sem nos preocuparmos com o que vamos receber em troca, descobrimos que o amor vai inundando nossas vidas. Não é preciso fazer nada. Acontece simplesmente. Pessoas amorosas e generosas atraem outras semelhantes, pois é mais fácil amar pessoas amorosas. Um grande círculo de amor começa conosco.

Mesmo quando nosso amor não é correspondido, vale a pena continuar amando. Isto não significa que você vá se deixar explorar, mas é bom para você persistir nos gestos de amor. Talvez o seu amor tenha sobre a outra pessoa um efeito que irá se revelar mais tarde, em outra ocasião. De qualquer maneira, vale a pena investir, pois você gera uma energia positiva que volta em seu benefício.

Costumamos pensar que só os grandes gestos são importantes, mas nem sempre é assim. Não subestime a importância de qualquer ato de amor. Um simples gesto de bondade pode fazer uma diferença enorme – e talvez você nem chegue a saber. Quem não se lembra de uma palavra ou um gesto lá bem longe, no passado, que fez uma grande diferença e nos marcou para sempre? Eu me lembro de um período que passei no hospital quando tinha cerca de doze anos. Uma vez, quando abri os olhos, havia duas enfermeiras no quarto e uma disse para a outra: "Essa garotinha tem um olhar tão doce, passa tanto amor." Este comentário me marcou até hoje. Ele me fez pensar em mim mesma como uma pessoa amorosa, gentil. Gosto até hoje de expressar amor com os olhos. Aquela enfermeira maravilhosa certamente não se lembra do que disse nem imagina o impacto que causou na minha vida. E indiretamente ela ajudou todas as pessoas a quem me dediquei.

Na Bíblia estão as palavras mais sábias sobre o amor: "Age com os outros como gostarias que agissem contigo." Considero este um bom conselho – sempre pare e pense antes de agir ou reagir com dureza ou grosseria. Imagine como se sentiria e como gostaria de ser tratado se estivesse no lugar da outra pessoa. A verdadeira bênção do amor que se oferece vem quando não precisamos fazer nada em benefício de alguém, mas fazemos assim mesmo – por nenhuma outra razão a não ser o desejo de agir com amor. Nesses casos as duas pessoas são verdadeiramente abençoadas: a que dá e a que recebe.

A TAREFA DO CORAÇÃO

♥ ♥ ♥ ♥

Marianne Williamson

"Quando o espírito do amor é responsável por nossas formas de pensamento, somos mais generosos, cobramos menos. Abençoamos em vez de condenar. Apoiamos em vez de ridicularizar. Perdoamos em vez de atacar. E amamos em vez de temer."

Não precisamos ficar repetindo a importância do amor. O que as pessoas querem é entender o que é o amor e saber como encontrá-lo. Vivemos em uma cultura maciçamente dominada pelo desamor. Reconhecer essa realidade é indispensável para a cura dos indivíduos e das nações. É fundamental para que possamos perceber como é necessário investir interna e externamente para evitar qualquer cumplicidade com a cultura do desamor e resistir aos seus apelos.

Os grandes ensinamentos da humanidade se aplicam tanto à experiência da nossa cultura como à de qualquer outra em qualquer período da História. O coração vive em um reino eterno ao qual só se chega fugindo da agitação do mundo e buscando refúgio no fundo do coração, em meio ao silêncio que está à espera de cada um de nós.

Se acordarmos de manhã e cairmos diretamente no tumulto do mundo – lendo os jornais, ouvindo as últimas notícias –, nossa mente não conseguirá escapar da histeria da vida moderna. Mas se meditarmos e rezarmos antes de ler os jornais ou, pelo menos, antes de sair para as atividades diárias, teremos muito mais chance de conservar a fé e a esperança.

Acredito que viemos à Terra para ajudar a curar o mundo. Mas como fazer isso quando estamos nós mesmos tão enfraquecidos? Herdamos o medo que ataca ferozmente a nossa cultura e, quando não nos voltamos para Deus, perdemos a liberdade para escapar do tumulto em que vive o mundo. Não basta modificar o comportamento ou livrar-se do pânico para transformar nossas mentes nem a realidade que nos cerca. Só o amor é capaz disso.

Para mim, a maior necessidade deste nosso mundo é a prática espiritual séria. Pascal afirmou: "Todos os problemas da humanidade vêm do fato de as pessoas não conseguirem ficar quietas, sozinhas e em silêncio."

Em *Course of Miracles* lê-se que cinco minutos com o Espírito Santo toda manhã são suficientes para garantir que Ele tome conta dos nossos pensamentos durante o dia. Assim, somos mais generosos, cobramos menos. Abençoamos em vez de condenar, apoiamos em vez de ridicularizar, perdoamos em vez de atacar. E amamos em vez de temer.

Assim como herdamos as trevas do mundo, herdamos as graças de Deus. Escolher as graças de Deus ao invés das falsas graças do mundo é uma decisão a ser renovada a cada momento. Mas, no mundo em que vivemos, o medo é tão traiçoeiro e nos bombardeia tão constantemente, que o trabalho de resistência tem de ser muito sério.

É como o condicionamento físico. Se você quer um corpo mais forte, tem que trabalhar. Se quer uma mente mais forte, tem que trabalhar também. A prática espiritual exige um esforço concentrado para desarmar o coração, acalmar o medo, renovar a alma. O trabalho começa dentro de nós e pode ser bastante árduo.

Nesses últimos anos, meu desafio espiritual mais importante tem sido o relacionamento com minha filha. Nunca pensei que educar uma criança exigisse tanto. Não quero dizer fisica, mas emocionalmente. Tenho que me acostumar a não deixar que o toque do telefone interrompa uma história que esteja lendo para ela. Procuro levar e buscar minha menina na escola, em vez de dar prioridade ao meu trabalho. Dizendo assim, pode parecer pouca coisa, mas, para mim, não é fácil. Nos Estados Unidos, onde vivo, o trabalho, principalmente aquele movido a adrenalina, se tornou um vício – e mata. Não se consegue descansar. A mulher que trabalha demais não tem tempo para ser mãe. Preciso me empenhar muito para diminuir o ritmo. Agora, as coisas estão melhores, mas eu sei bem o esforço que tenho feito para ser a mãe que pretendo. Do fundo do meu coração, reconheço o quanto é bom escrever livros e dar palestras para centenas de pessoas. Mas ser uma boa mãe é muito mais importante.

É como disse Gandhi: "Nós temos que ser a mudança."

Palavras Finais

♥ ♥ ♥

"As melhores e mais belas coisas do mundo
não podem ser vistas nem tocadas... mas o coração as sente."

Helen Keller (1880-1968)

Esperamos que este livro tenha, de algum modo, ajudado você a abrir o coração para que o amor entre em sua vida. Muitos acreditam que o movimento de um único grão de areia seja capaz de afetar o mundo todo. Do mesmo modo, o simples desejo de fazer do amor a base da vida começa a trazer mais amor para o coração e conseqüentemente para o mundo. Houve um mestre maravilhoso que afirmou: "A menor distância entre dois pontos é a intenção." Às vezes, uma simples mudança em nossas intenções é capaz de criar o início de uma nova vida.

Vivemos em uma cultura que nos ensina que o amor está "do lado de fora", em algum lugar. Se temos um bom salário, um carro novo, usamos o corte de cabelo e as roupas da moda, então estamos prontos para encontrar o amor. Os autores que escreveram para este livro nos dizem o contrário: eles nos transmitem a noção simples, mas essencial, de que o amor vem de dentro. Na verdade, a nossa capacidade de dar e receber amor é diretamente proporcional à nossa capacidade de amar a nós mesmos. Só nós temos a oportunidade e a responsabilidade de criar o amor que desejamos em nossa vida.

É reconfortante lembrar que os principais aspectos do amor já estão em nosso coração. E que para chegar a esse amor basta ir eliminando os obstáculos que impedem a expressão do amor. Se formos, ao longo do caminho, afastando bloqueios como o medo e a baixa auto-estima e deixando aberto o caminho, logo vamos alcançar o amor que tanto desejamos.

Não é um trabalho fácil, e a nossa cultura conspira contra ele. Por isso mesmo a intenção deve caminhar junto com a ação. Takuan Soho, em um de seus trabalhos sobre filosofia, disse uma vez: "Pode-se explicar a água, mas a boca continua seca." É por isso que convocamos os colaboradores deste livro, por julgá-los capazes de nos ajudar no exercício da capacidade de amar. Não se consegue um corpo saudável sem exercício. Nem se consegue uma vida mais amorosa sem somar intenção e ação, sem exercitar a mente, o coração e a alma.

Não esqueça que, para o amor brotar e florescer, existe todo um processo a ser cumprido. Esperamos que, ao terminar a leitura deste livro, você não tenha chegado ao fim, mas a um recomeço. Você vai descobrir, como aconteceu conosco, que cada vez que se alcança um objetivo a vida oferece uma nova lição, uma nova oportunidade de viver com mais amor.

Ram Dass afirmou: "O teste mais difícil, mesmo para o mais iluminado dos gurus, é passar um fim de semana na casa dos pais!"

Para nós foi uma honra fazer parte deste projeto. Tivemos a oportunidade de trabalhar com algumas das pessoas mais amorosas e inspiradoras que já conhecemos. Também foi uma honra ter você como nosso leitor. Desejamos que este livro tenha transformado sua vida. Ele transformou a nossa.

Respeitosamente,

Benjamin Shield, Ph.D.
Richard Carlson, Ph.D.

Sobre os Colaboradores

♥ ♥ ♥

JOAN BORYSENKO, Ph.D.

Joan Borysenko é médica, pesquisadora, psicóloga e autora de trabalhos em que reúne a medicina, a psicologia e a espiritualidade a serviço da cura individual e coletiva. É autora do best-seller *Minding the Body, Minding the Mind.*

LEO BUSCAGLIA, Ph.D.

Leo Buscaglia é autor de treze livros, a maior parte dos quais trata da experiência do amor. Seu primeiro livro, *Love,* foi campeão de vendas por quinze anos. Seus trabalhos foram traduzidos para dezessete idiomas.

Na University of Southern California, onde ensinou regularmente durante dezenove anos, criou a famosa disciplina "Amor". Faleceu em 12 de junho de 1998, aos setenta e quatro anos.

RICHARD CARLSON

Richard Carlson é Ph.D. em psicologia e consultor para assuntos ligados ao estresse, conhecido em todos os Estados Unidos. Além disso, é um especialista nas áreas de desenvolvimento pessoal e felicidade. É autor de vários livros, entre os quais o best-seller *Não Faça Tempestade em Copo d'Água.*

DEEPAK CHOPRA, M.D.

O dr. Chopra é um especialista internacional em medicina do corpo e da mente. Viaja constantemente para fazer palestras e participar de seminários. É autor de quatorze livros, traduzidos para mais de vinte e cinco idiomas.

STEPHEN R. COVEY, Ph.D.

O dr. Stephen R. Covey é o fundador e presidente de várias entidades, entre as quais o Institute for Principle-Centered Family Living, que reúne pesquisadores e educadores dedicados a melhorar a educação e a qualidade da vida em família e em comunidade. É autor de vários livros e inúmeros artigos sobre liderança, sucesso pessoal e empresarial e relações interpessoais e familiares.

SHAKTI GAWAIN

Shakti Gawain, conferencista e autora de livros de sucesso como *Creative Visualization* (mais de dois milhões de exemplares). Seu trabalho ajudou milhares de pessoas a desenvolver a intuição e a criatividade.

JOHN GRAY, Ph.D.

John Gray, Ph.D., é o autor do famoso *Homens São de Marte, Mulheres São de Vênus,* traduzido para vinte e seis idiomas. Reconhecido internacionalmente como autoridade no campo da comunicação, dos relacionamentos e do crescimento pessoal, o dr. Gray se concentra em ajudar homens e mulheres a entender, respeitar e admirar suas diferenças.

LOUISE L. HAY

Louise L. Hay é considerada uma das criadoras do movimento de auto-ajuda. Seu primeiro livro – e primeiro sucesso –, *Heal*

Your Body, discute a ligação entre a mente e o corpo. Suas palestras e *workshops* incluem técnicas de cura e filosofia positiva e ensinam como conseguir o que se quer na vida, inclusive saúde física, mental e espiritual. Atualmente dirige a Hay House, que publica alguns dos melhores livros de auto-ajuda do nosso tempo.

HARVILLE HENDRIX, Ph.D.

Harville Hendrix, fundador e presidente do Institute for Imago Relationship Therapy, é autor de *Getting the Love You Want: A Guide for Couples* e *Keeping the Love You Find: A Guide for Singles.* É casado com Helen Hunt, parceira na elaboração de suas teorias e co-autora de vários livros.

BARRY NEIL KAUFMAN

Escritor, conferencista e professor, Barry Neil Kaufman fundou e dirige o Option Institute, um centro de estudos que oferece cursos para quem quer alcançar a eficiência, o sucesso, a felicidade. É autor do livro *Happiness is a Choice,* campeão de vendas nos Estados Unidos.

SAMAHRIA LYTE KAUFMAN

Samahria Lyte Kaufman, mulher de Barry Neil Kaufman, passou os últimos vinte anos estudando as possibilidades ilimitadas que existem para cada um de nós. Sua experiência com o filho autista tornou-se tema de dois livros e de um especial para a televisão – *Son-Rise* –, ganhador de dois prêmios. Em 1983, junto com o marido, fundou o Option Institute.

JACK KORNFIELD

Jack Kornfield, Ph.D. em psicologia clínica, é monge budista e vem ensinando meditação desde 1974. É um dos responsáveis pela introdução do budismo Theravada no Ocidente. Entre seus livros estão *A Path with Heart* e *Seeking the Heart of Wisdom*.

RABBI HAROLD KUSHNER, Ph.D.

O rabino Harold Kushner é autor de *When Bad Things Happen to Good People,* um best-seller traduzido para doze idiomas e apontado pelo Clube do Livro como uma das dez obras que mais exerceram influência sobre os leitores nos últimos anos.

STEPHEN e ONDREA LEVINE

Stephen Levine dirige, com sua mulher Ondrea Levine, o Hanuman Foundation Dying Project, onde, durante os últimos vinte anos, os dois vêm trabalhando com doentes em estado terminal e pessoas em crise. Juntos, escrevem, ensinam e ajudam. Em seu livro mais recente, *Embracing the Beloved: Relationship as a Path of Awakening,* contam sobre sua experiência.

PATRICIA LOVE, Ed.D.

Patricia Love presta serviços de consultoria e é terapeuta familiar e de casais. É autora de *What to Do When a Parent's Love Rules Your Life*. Dedica a maior parte de seu tempo a escrever, fazer palestras e dar treinamento. Seu estilo simples e direto, aliando o humor a informações práticas, é bem característico.

VICTORIA MORAN

Victoria Moran é autora de vários livros, inclusive *Shelter for the Spirit, Campassion the Ultimate Ethic* e *The Love-Powered Diet*. Viajou inúmeras vezes para a Índia e para o Tibete e tem percorrido os Estados Unidos fazendo palestras sobre a compaixão e espiritualidade prática.

HUGH e GAYLE PRATHER

Hugh Prather é mais conhecido pelos livros que escreveu, como *Notes to Myself, Notes on How to Live in the World... and Still Be Happy* e *I Touch the Earth, the Earth Touches Me.* É pastor, professor e terapeuta.

Gayle Prather é co-fundadora do Santa Fe Grief Support Group, que se dedica a assistir pais que perderam os filhos. Com seu marido Hugh, escreveu vários livros, inclusive *A Book for Couples, Notes to Each Other* e *I'll Never Leave You.*

RAM DASS

Ram Dass é psicólogo especializado em motivação humana e desenvolvimento da personalidade. Em 1974, criou a Hanuman Foundation para divulgar o bem-estar e a consciência espiritual entre os povos ocidentais. É autor de vários livros de auto-ajuda, como o clássico *Be Here Now.*

JAMES e SALLE MERRILL REDFIELD

Durante os últimos vinte anos, James Redfield dedicou-se a estudar o potencial humano. Atualmente escreve e faz palestras sobre as dimensões espirituais da consciência humana. É autor do best-seller *A Profecia Celestina.*

A partir de experiências que deram uma guinada em sua vida, Salle Merrill Redfield criou, com seu marido, grupos de meditação cujo sucesso a inspirou a produzir a série de fitas para meditação *Meditações Celestinas* e a escrever *The Joy of Meditating.*

JOHN ROBBINS

John Robbins é autor do best-seller internacional *Diet for a New America: How Your Food Choices Affect Your Health, Happiness and the Future of Life on Earth.* É considerado um dos maiores especialistas na ligação entre alimentação, ambiente e saúde.

SHARON SALZBERG

Sharon Salzberg estuda e pratica tradições budistas desde 1970. Organiza retiros em vários países onde ensina a prática intensiva da consciência, da generosidade e da compaixão. É autora de *Lovingkindness: The Revolutionary Art of Happiness,* um guia prático sobre os ensinamentos de Buda para o desenvolvimento da concentração, do destemor, da felicidade e de um coração amoroso.

BENJAMIN SHIELD, Ph.D.

O dr. Benjamin Shield é terapeuta, educador e conferencista. Tem doutorado na área de ciência da saúde e enfatiza em seu trabalho a integração entre o corpo, a mente e a alma, levando à redução do sofrimento e a decisivas escolhas físicas e emocionais. É autor de numerosos artigos sobre psicologia, cura e espiritualidade. Seu mais recente sucesso, *Handbook for the Soul,* foi traduzido para várias línguas.

BERNIE SIEGEL, M.D.

O dr. Bernie Siegel começou a tratar dos direitos do paciente e da escolha de viver plenamente e morrer em paz há mais de quinze anos, tendo desenvolvido como médico uma terapia que leva as pessoas a tomarem consciência de seu poder curador. É autor de *Love, Medicine and Miracles* e *Peace, Love and Healing,* dois best-sellers que revolucionam a arte da cura.

JOHN WELWOOD, Ph.D.

O dr. John Welwood é psicólogo clínico, conferencista e autor de vários livros sobre relacionamento conjugal, entre os quais *Challenge of the Heart: Love, Sex and Intimacy in Changing Times* e *Love and Awakening: Discovering the Sacred Path of Intimate Relationship.*

MARIANNE WILLIAMSON

Marianne Williamson é autora de três best-sellers – *A Return to Love, A Woman's Worth* e *Illuminata* – e dá palestras sobre espiritualidade e metafísica nos Estados Unidos e em outros países desde 1983. Trabalha em organizações de caridade que se dedicam a ajudar pessoas com doenças graves.

ANDREW WEIL, M.D.

O dr. Andrew Weil é autor de seis livros. Formou-se na Escola de Medicina de Harvard e trabalhou no Instituto Nacional de Doenças Mentais. Viajou pelo mundo colhendo informações sobre as propriedades medicinais das plantas, estados de consciência alterados e formas de cura. É diretor na Universidade do Arizona, onde pratica medicina natural e preventiva.

BETTY EADIE

Filha de uma índia sioux, Betty Eadie, aos trinta e seis anos, teve uma das mais extraordinárias experiências de quase-morte, sobre a qual escreveu no best-seller *Embraced by the Light*. Percorreu os Estados Unidos e outros países dando centenas de palestras sobre suas experiências e o que aprendeu com elas.

De Neale Donald Walsch:

UMA AMIZADE COM DEUS

"Todos somos amigos de Deus, saibamos disso ou não. Eu era um dos que não sabiam. Nem sabia aonde essa amizade poderia me levar. Esta é a grande surpresa, o verdadeiro milagre. Não tanto que possamos estabelecer uma amizade com Deus, mas o que essa amizade está destinada a nos trazer – e aonde ela pode nos levar.

Meu desejo mais profundo é que, com a ajuda deste livro, você também inicie uma verdadeira amizade com Deus e que, em conseqüência, também consiga se expressar e viver sua vida com renovada convicção.

Minha esperança é que você deixe de ser aquele que busca e se torne aquele que traz a Luz.

Deus, parece, está mais à procura de líderes do que de seguidores. Podemos seguir Deus ou podemos conduzir outros a Deus. O primeiro caminho nos modificará, o segundo modificará o mundo."

Neale Donald Walsch, autor de *Conversando com Deus*

Lançamento: Agosto de 2000

De Domenico De Masi:

O Ócio Criativo

"A sociedade pós-industrial privilegia a produção de idéias, o que por sua vez exige um corpo quieto e uma mente irriquieta. Exige aquilo que eu chamo de 'ócio criativo', o que faz com que nos sintamos livres, fecundos, felizes e em crescimento."

Domenico De Masi

Domenico De Masi expôs suas idéias sobre a sociedade, o trabalho, o tempo livre e a criatividade em diversos livros e ensaios destinados aos amantes da sociologia.

Atento ao crescente interesse de um público mais amplo em sua visão do futuro, De Masi elabora, neste livro, não apenas os temas da sociedade pós-industrial, do desenvolvimento sem emprego, da criatividade e do tempo livre, como também as questões da globalização, da feminilização, do declínio das ideologias tradicionais e do novo arranjo de classes.

A conversa tem como pano de fundo uma profunda insatisfação com o modelo social elaborado pelo Ocidente, sobretudo pelos Estados Unidos, centrado na idolatria do trabalho, do mercado e da competitividade. A este é contraposto um novo modelo no qual os indivíduos são educados a privilegiar a satisfação de necessidades radicais, como a introspecção, a amizade, o amor, as atividades lúdicas e o convívio.

De Leonardo Boff:

A Oração de São Francisco

Leonardo Boff, um de nossos maiores teólogos, a transporta para o mundo atual, ajudando-nos na assimilação dessa mensagem pronunciada através dos séculos por todos os povos e credos.

O texto nos conta a origem da Oração, definindo a paz a que ela se refere, as causas que atentam contra a harmonia no mundo e a maneira de ser um autêntico instrumento de paz. Cada frase é objeto de uma reflexão e acrescida de fatos que ajudam a compreendê-la. Depois da leitura deste livro, sempre que pronunciarmos esta oração, o nosso apelo estará fortalecido pelo espírito que fez deste Santo um símbolo dos sonhos de felicidade e realização humana acalentados no fundo de nossos corações.

De Daniel Goleman:

A Arte da Meditação

Aprenda a tranqüilizar a mente e a relaxar o corpo, a aliviar as dores físicas, a fortalecer seu sistema imunológico e a desenvolver a percepção e o poder de concentração. Daniel Goleman, o consagrado autor de *Inteligência Emocional,* ensina a alcançar esses benefícios através de tradicionais técnicas de meditação adaptadas à vida moderna.

Inclui CD com quatro tradicionais técnicas de meditação: *Meditar Respirando, Meditar Relaxando o Corpo, Meditar Concentrando* e *Meditar Caminhando.*

De Sua Santidade o Dalai-Lama:

Uma Ética para o Novo Milênio

Aos 64 anos de idade e às vésperas do novo milênio, a Sua Santidade o 14º Dalai-Lama registra neste livro o seu mais pungente manifesto para o mundo.

Com uma visão ao mesmo tempo crítica e otimista, o Dalai-Lama examina o papel social desempenhado pela educação, mídia, política internacional e religião, guiando-nos para assumir a responsabilidade por nosso futuro e para criarmos um sistema ético que seja global e viável.

Neste livro, ele também apresenta uma visão radical do progresso material, do desenvolvimento tecnológico e da falta de contentamento e ética de nossa sociedade. Ele defende que o alto grau de ansiedade, ambição, estresse, insegurança e depressão que existe no mundo desenvolvido pode ser alterado com uma mudança em nossas percepções básicas. Por que vivemos com tantos conflitos, quando tantos de nós temos saúde, riqueza e as necessidades básicas atendidas?

De acordo com a Sua Santidade, precisamos começar a perceber que o bem-estar dos outros está intimamente ligado ao nosso e agir de acordo com este princípio fundamental. Ele mostra que a solução para nosso sofrimento não depende da adesão a uma religião, mas de se adotar os princípios da compaixão, paciência, perdão, humildade e tolerância que, em sua opinião, são as qualidades que podem nos trazer felicidade.

Lançamento: Agosto de 2000

De Mitch Albom:

A Última Grande Lição

Talvez tenha sido um avô, um professor ou um amigo da família. Uma pessoa mais velha, paciente e sábia, que se interessou por nós e nos compreendeu, quando éramos jovens, inquietos e inseguros. Uma pessoa que nos fez olhar o mundo de uma perspectiva diferente e nos ajudou com seus conselhos a encontrar nossos caminhos. Para Mitch Albom, essa pessoa foi Morrie Schwartz, seu professor na universidade.

Talvez, como Mitch, você tenha perdido o contato com seu grande amigo. Você seguiu pela vida, as lições foram se apagando... Você não gostaria de reencontrar essa pessoa para tratar das grandes questões que ainda lhe causam angústia, tal como fez em sua juventude?

Mitch Albom teve essa chance vinte anos depois de deixar a universidade. Ele redescobriu Morrie nos últimos meses de vida. Visitou-o durante quatorze terças-feiras, até a sua morte. Nesses encontros, trataram de temas fundamentais para a felicidade e a realização humana. Foi essa a última grande lição: um ensinamento sobre o sentido da vida.

De Iyanla Vanzant:

Um Dia Minha Alma se Abriu por Inteiro

Este livro é um precioso companheiro na jornada que empreendemos em busca da felicidade. A autora nos guia durante quarenta dias e quarenta noites para tratar de nossa relação com o Divino, com os outros, com nossos sentimentos e processos.

Ela nos fala da Verdade, da Confiança, da Escolha, dos Limites, do Perdão, da Raiva, do Medo, da Culpa, da Alegria e do Amor, totalizando quarenta valores e sentimentos que fazem parte essencial da vida. E fala como uma amiga inteligente e disposta a compartilhar generosamente suas histórias e reflexões.

Enquanto o Amor não Vem

"Haverá um momento em sua vida que o amor chegará. Antes disso, você terá tentado tudo o que podia, sofrido o quanto podia e desistido muitas vezes. Mas com a mesma certeza com que você está lendo este texto, lhe garanto que esse dia virá. Nesse meio tempo, este livro vai lhe contar histórias e lhe ensinar algumas coisas que você pode fazer para se preparar para o dia mais feliz de sua vida: o dia em que experimentar o amor verdadeiro."

Reconhecida como "o maior fenômeno editorial de 1998", com mais de 4 milhões de livros vendidos nos EUA, Iyanla Vanzant se dedica a mostrar como podemos transformar nossas vidas e crescer espiritualmente. "Meu maior objetivo é que as pessoas conheçam a si próprias e usem este conhecimento como um meio de cultivar o amor e a afirmação de seus desejos na condução de suas vidas."

De Brian L. Weiss:

A Divina Sabedoria dos Mestres

"Este livro vai descrever a sabedoria espiritual presente em nossa jornada desde antes do nascimento até a morte e depois dela. O que pode nos ajudar e o que pode nos atrapalhar. O que eu tenho aprendido em meus reencontros com os Mestres.

Acredito que nosso maior objetivo na vida é atingir o conhecimento íntimo de que somos almas imortais, trazidas a esta escola chamada Terra para aprender lições sobre amor, compaixão, paciência, equilíbrio e harmonia, não-violência, fé e esperança. Não posso dizer que aprender nesta grande escola seja fácil. Para se tornar iluminado e feliz é preciso muito trabalho.

O que eu posso dizer é que se você ler este livro com a mente aberta e o coração repleto de amor, você estará andando na direção certa. Cada passo que você der será sagrado."

Brian Weiss, autor de *Muitas Vidas, Muitos Mestres*

De Louise Hay:

Meditações para a Saúde do Corpo e da Mente

"O corpo é um espelho de nossas crenças e pensamentos mais íntimos. Está sempre conversando conosco. Foi para aprender a escutar o que ele tem a dizer e a incorporar as suas lições para o seu bem-estar que criei estas meditações.

Se você deseja investir na sua saúde, as meditações irão ajudar a tornar sua vida e seu corpo íntegros. Eu sei que você tem, dentro de si, tudo de que precisa para conseguir isso.

Quando começar a compreender o processo que leva à saúde ou à doença, será capaz de assumir o controle consciente das mudanças que deseja. Este é um processo muito emocionante que vai se tornar uma das aventuras mais felizes da sua vida."

Inclui um CD com exercícios de meditação.

De James Van Praagh:

EM BUSCA DO PERDÃO

"As histórias e reflexões deste livro têm por objetivo desenvolver em você um dom que todos recebemos, mas que a rigidez de nossa formação muitas vezes bloqueou: o dom de perdoar, de ter compaixão e de tratar a si e aos outros com amor.

Quero ajudar você a fazer as pazes com sua consciência, a se livrar da culpa e a tornar o mundo à sua volta mais hospitaleiro, sem a pressão de julgar nem de ser julgado. Um mundo no qual podemos expressar o amor e a nossa espiritualidade.

Para isso ofereço também essas meditações que têm o poder de curar e de transformar, cultivando em você uma nova consciência voltada para o crescimento e para a felicidade."

Inclui um CD com exercícios de meditação.

INFORMAÇÕES SOBRE EVENTOS NO BRASIL

Para receber informações sobre os próximos lançamentos da SEXTANTE, queira entrar em contato com nossa Central de Atendimento, dando seu nome, endereço e telefone para:

SEXTANTE
Av. Nilo Peçanha, 155 - Gr. 301 - Centro
20020-100 - Rio de Janeiro - RJ
Tel.: (21) 524-6760 - Fax: (21) 524-6755
DDG: 0800-22-6306 (ligação gratuita)
E-mail: salvend@openlink.com.br